sexe mensonges et vérité
L'AMOUR

Jim Burns

L'AMOUR

sexe mensonges et vérité

EDITIONS farel

B.P. 20, 77421 MARNE-LA-VALLÉE CEDEX 2, FRANCE

Titre en anglais : ***Radical Love***

Edition originale par Regal books,
une division de Gospel Light Publications, Ventura, Californie 93003, U.S.A.

Edition française

B.P. 20
77421 Marne-la-Vallée, Cedex 2, France

1ère Édition : 1er trimestre 1999
Traduction : Sabine Bastin
Couverture : Jacques Maré - IOTA
Composition : Editions Farel

Impression : IMEAF, 26160 La Bégude de Mazenc, France
Dépôt légal : 1er trimestre 1999 — N° d'impression : 99022
ISBN 2-86314-213-5

Préface

Ces dernières années, trois événements ont exercé une influence considérable sur moi alors que je réfléchissais au thème de ce livre. L'un d'entre eux fut un rallye de jeunes en Californie, le second un immense rassemblement à Washington D.C. et le dernier un cours de psychologie dans un collège californien.

Où sont les bons exemples ?

La veille du rallye baptisé « Le véritable amour sait attendre », je me suis entretenu avec 350 parents désorientés et effrayés, mais néanmoins enthousiastes, sur le thème « Comment parler de sexualité à vos enfants ». Ce soir-là, j'ai demandé à ces adultes si leurs parents avaient abordé avec eux la question de la sexualité dans une perspective positive et valorisante lorsqu'ils étaient adolescents. Seulement 12 mains se sont levées. La plupart de ces parents n'avaient donc bénéficié d'aucune éducation sexuelle dans leur foyer et quelques-uns parmi eux avaient même reçu des informations négatives.

L'un des participants a raconté : « Le jour de mon dix-huitième anniversaire, ma mère m'a offert un double des clés de notre voiture, tandis que mon père me glissait un préservatif dans le creux de la main en disant : 'Tu en auras besoin avec la voiture' ».

Le lendemain, plus de 2 000 étudiants se sont entassés dans un auditorium équipé de 1 400 places assises seulement. Un vrai cauchemar pour les pompiers ! J'ai appelé tous ces jeunes à s'engager à vivre un amour absolu, un amour qui va à contre-courant de la culture moderne. Après mon appel, je les ai invités à réagir en signant une carte intitulée « Le véritable amour sait attendre » et en l'apportant devant la scène. J'ai vu des étudiants littéralement courir vers le pied de l'estrade et, en voyant qu'un ami avait pris la même décision courageuse d'attendre le mariage pour avoir des relations sexuelles, ils s'embrassaient ou se serraient la main. Plus de 1 500 étudiants sont ainsi venus s'entasser devant la scène, en chantant et en se réjouissant de l'énorme tas de cartes empilées sur les marches. L'encouragement qu'a représenté le spectacle de ces jeunes répondant à cet appel était fantastique.

Le même soir, un journaliste d'une chaîne télévisée m'a demandé : « Vous prétendez qu'il existe encore des adolescents qui se réjouissent de rester vierges ? »

J'ai répondu : « Tous ne le sont pas mais, grâce à leur décision courageuse, pas mal de ces jeunes n'emporteront pas un surplus de bagages au sein du mariage. »

J'ai rencontré des milliers d'étudiants qui ont profondément regretté de s'être abandonnés à une certaine promiscuité sexuelle, mais je n'ai encore rencontré personne qui ait regretté d'avoir attendu jusqu'au mariage.

A contre-courant

A l'occasion du second événement, baptisé « DC '94 », 200 000 cartes « Le véritable amour sait attendre », par lesquelles des jeunes s'engageaient à vivre l'amour et la pureté sexuelle, ont été déposées devant le Capitol, à Washington D.C. Plus tard en soirée, environ 35 000 personnes se sont rassemblées pour former une chaîne de prière et pour fêter la décision positive de presque un quart de million d'étudiants, qui venaient de prendre position en faveur de l'appel biblique à la pureté sexuelle.

En descendant l'allée du Capitol et en contemplant cette

foule et ces innombrables cartes, j'ai constaté une fois de plus que dans une société devenue aussi effrayante que la nôtre, des jeunes pouvaient encore prendre des décisions saines. Ce soir-là, j'ai été époustouflé par l'espoir qui anime encore la génération actuelle.

Un immense défi

Debout devant 24 étudiants, je m'efforçais d'animer une discussion sur l'abstinence sexuelle et le sida dans le cadre d'un cours de psychologie. Les jeunes m'avaient écouté attentivement et le débat s'avérait excellent. Puis, j'ai voulu jouer à un jeu baptisé « Prendre position ». Je devais énoncer un fait avec lequel les étudiants marquaient ensuite leur accord ou non. Le but était de débattre de leurs opinions.

J'ai lancé l'affirmation suivante : « Il est sage d'attendre jusqu'au mariage pour avoir des relations sexuelles. » Ils ont voté. Pas un seul d'entre eux ne s'est déclaré d'accord. Zéro ! Je suis retourné dans mon bureau ce jour-là quelque peu découragé, et pourtant plus décidé que jamais à affirmer aux jeunes qu'ils peuvent vraiment opter pour l'amour absolu. Certes, le prix est élevé et une telle décision les place en minorité parmi leurs amis, mais cet amour absolu de fidélité et d'engagement chrétiens leur épargnera plus d'une blessure et, dans la société contemporaine, la moindre égratignure peut devenir une question de vie ou de mort.

La vérité sans détour

Je devais prendre la parole devant des lycéens dans le cadre d'une journée spéciale en Caroline du Nord. C'était l'une de ces rares occasions où le courant passe particulièrement bien. Au cours de mon exposé, j'ai mentionné, devant cette foule d'environ 2 500 étudiants, qu'à l'âge de 16 ans, l'adolescent moyen de sexe masculin entretenait une pensée sexuelle toutes les 20 secondes environ. Ils ont éclaté de rire en pointant du doigt tous les garçons de 16 ans qui tentaient vainement de se cacher sous leur siège. A la pause, un bel adolescent, visiblement très populaire parmi ses copains, est venu vers moi : « Salut, Jim. Je m'appelle Samuel et j'ai 16 ans. »

« Ravi de te connaître, Samuel. »

Il a enchaîné : « Vous savez, cette statistique sur les pensées de nature sexuelle toutes les 20 secondes ? Eh bien, je me demande à quoi je suis supposé penser les 19 autres secondes, parce qu'en fait, ce sujet m'occupe l'esprit en permanence ! » Nous avons ri de sa franchise, mais il était très sérieux.

La sexualité et la fréquentation des membres du sexe opposé occupent souvent l'esprit des jeunes (et des plus âgés aussi !). Je crois que les étudiants méritent qu'on leur parle de la sexualité sans détour. En l'espace de 20 années de travail parmi les jeunes (20 ans ! J'avais encore des cheveux il y a 20 ans !), j'ai eu le privilège de parler avec eux de leur sexualité et ils m'ont appris beaucoup. Ils m'ont enseigné par exemple qu'ils sont suffisamment mûrs pour aborder même les sujets les plus délicats. Ils se montrent ouverts, honnêtes et souvent assez carrés quand ils posent des questions ou donnent leur avis. Ils m'ont aussi témoigné la confiance nécessaire pour me confier leurs expériences personnelles et les leçons qu'ils avaient durement apprises. (Comme nous pouvons tous tirer des enseignements de ces situations réelles, j'ai modifié le prénom de mes jeunes amis et j'ai inclus leur histoire dans ce livre).

D'une façon générale, j'ai le sentiment que les adolescents modernes désirent vraiment être tout ce que Dieu attend d'eux. J'ai rencontré des centaines de jeunes croyants et non-croyants sincèrement désireux de connaître le point de vue chrétien sur les problèmes auxquels ils sont confrontés chaque jour. Je crains cependant que trop d'étudiants entretiennent une vision déformée de la façon dont Dieu perçoit la sexualité. Je me surprends encore et encore à leur répéter que Dieu n'est pas un rabat-joie par excellence dans ce domaine. Il est le créateur de la sexualité. Elle est donc très positive à ses yeux et, parce qu'Il t'aime, Il désire le meilleur pour toi.

Ce livre se veut le prolongement du dialogue que j'entretiens avec des centaines d'étudiants depuis de nombreuses années. Aujourd'hui, les jeunes reçoivent toutes sortes de messages contradictoires sur leur sexualité. Le monde moderne présuppose que tous les individus ont des relations sexuelles et le monde chrétien (les parents et l'Église) se montre souvent trop passif en la matière. De nos jours, des enfants sont amenés à prendre des décisions de nature sexuelle, non en se basant sur une réflexion personnelle adulte, mais sur :

L'influence de leurs amis,

Une réaction émotionnelle trop forte par rapport à leur niveau de maturité,

Un manque d'éducation sexuelle positive et valorisante.

Les études démontrent en effet que plus l'éducation sexuelle dispensée aux enfants est positive et saine, moins ils se laissent aller à la promiscuité.

Par le biais de cet ouvrage, je tente de donner aux jeunes des années 90 l'information positive, chrétienne, saine et franche qu'ils méritent sur la sexualité. Que cet ouvrage te stimule, t'inspire et t'apprenne à être tout ce que Dieu veut que tu sois.

Jim Burns
Dana Point, Californie

Comment utiliser ce livre

Discussion entre parents, adolescents et préadolescents : *L'amour : sexe, mensonges et vérité* a été rédigé en partant du principe que parents, adolescents et préadolescents peuvent en parcourir les pages ensemble. Beaucoup de parents choisissent de prendre un moment à part avec leur progéniture pour UNE grande discussion sur la sexualité. Ce livre a été conçu pour les accompagner.

L'amour : sexe, mensonges et vérité est bien plus qu'un livre. C'est une expérience d'apprentissage. Bien que l'ouvrage convienne très bien à la lecture individuelle, il a aussi été rédigé à l'intention des groupes. Il part du principe que les étudiants apprennent mieux en s'exprimant qu'en se contentant d'écouter des responsables ou des parents.

Chaque chapitre se clôture par d'excellents travaux pratiques très instructifs. Ils se répartissent en trois sections. Les « Sujets de réflexion » lancent des questions générales qui aideront les étudiants à éclaircir les thèmes développés au cours du chapitre. Les « Étapes pratiques » amènent les étudiants à prendre des décisions personnelles ou des mesures concrètes qui affecteront la façon dont ils se jugent personnellement et dont ils traitent les autres. La boucle se ferme sur la section « Travail d'équipe » qui comporte des exercices de groupe et des activités de discussion permettant aux adolescents d'aborder leurs sentiments entre eux ou avec des adultes de confiance, comme des parents et des responsables. D'ailleurs certains mots sont expliqués dans un glossaire à la fin de cet ouvrage. Ce matériel a déjà été utilisé par des milliers d'étudiants, de parents et de responsables de jeunes et il est désormais disponible dans un format qui facilite l'enseignement. A cet égard, l'accent a été placé sur :

- La discussion et l'interaction,
- La fixation d'objectifs et la prise de décision,
- Le développement de la pensée critique sur les questions importantes,
- Les relations entre camarades et avec des adultes.

L'amour : sexe, mensonges et vérité est destiné à divers usages :

- Les discussions et les interactions en petits groupes. Les groupes de jeunes peuvent l'utiliser comme outil d'interaction utile et dynamique.
- Les retraites et les camps. Une éducation sexuelle plus positive peut souvent être dispensée à l'extérieur des salles de classe, dans un environnement rassurant.
- Les programmes de groupes de jeunes. Ces sujets et ces chapitres ont été soumis à l'épreuve du temps afin de s'adresser aux jeunes dans leur situation actuelle. L'auteur n'a pas rédigé ce programme dans une tour d'ivoire, mais au contact actif des jeunes sur le terrain.

1

Tony et Linda

Quand j'ai rencontré Linda pour la première fois, j'ai su qu'elle serait un véritable atout pour notre groupe de jeunes. Elle était enthousiaste et elle aimait s'amuser, mais quand le moment venait d'aborder sérieusement notre foi en Christ, elle se calmait instantanément et se plongeait véritablement dans les Écritures. Quelle joie d'être en sa compagnie ! Deux ans et demi plus tard, Linda pleurait à chaudes larmes dans mon bureau. Je vous livre son histoire dans les grandes lignes…

Bien qu'elle ait connu plusieurs flirts au lycée, elle n'avait jamais vraiment entretenu de relation sérieuse avec un garçon jusqu'à l'arrivée de Tony. Tony faisait partie de l'équipe de responsables à l'église. Il était très populaire à l'école et se montrait toujours très respectueux. Au début, la plupart de leurs rencontres avaient lieu dans le cadre du groupe de jeunes ou de leurs activités au sein de l'église. Mais, très vite, ils sont tombés éperdument amoureux l'un de l'autre et la vie de Linda s'est articulée progressivement autour de Tony et des moments qu'ils partageaient.

Quelques semaines sont rapidement devenues quelques mois et le « couple parfait » passait de plus en plus de temps ensemble. Après les activités du groupe de jeunes, au lieu d'aller au snack avec le reste de la bande, ils trouvaient une excuse pour s'éclipser et restaient des heures à s'embrasser. Leur moralité était à tous deux très élevée, mais ils s'aimaient à un point tel qu'au fil des quelques mois qui ont suivi, ils glissèrent lentement le long d'une pente que Linda décrit en ces termes : « des petits baisers aux baisers appuyés, puis des caresses légères aux caresses très intimes. » Lentement mais sûrement, leurs rendez-vous sont passés des activités amusantes et actives aux situations intimes. Presque chacune de leurs rencontres débouchait sur des caresses très intimes.

Parfois, Tony et Linda parlaient de leur relation. Tous deux fréquentaient encore le lycée et ils voulaient aller à l'université. Le mariage était une option, mais Tony et Linda se sentaient coupables de leur relation physique. Ils ont essayé d'aborder le sujet, mais la question était délicate. Malgré leurs efforts à tous les deux pour maintenir leur relation sur un terrain moins physique, il leur devenait de plus en plus difficile de faire machine arrière. Puis, ils se sont surpris à communiquer de moins en moins verbalement et de plus en plus sexuellement.

La Linda qui se tenait dans mon bureau était une jeune fille sérieuse, aux prises avec la culpabilité et la confusion. Il lui était difficile de partager ses expériences. Elle a fini par reconnaître que Tony et elle allaient « jusqu'au bout » depuis environ deux mois. Cependant, la veille, Tony s'était confié à elle, en lui avouant ses sentiments les plus intimes. Il l'aimait, mais il se sentait terriblement coupable de leur relation physique, ses résultats scolaires s'en ressentaient et il voulait s'impliquer davantage dans les activités de l'église. Bien qu'aimant profondément Linda, il trouvait préférable de rompre.

Linda était effondrée, mais elle savait que Tony avait dit vrai. Elle s'est présentée dans mon bureau à la recherche de réponses. Elle désirait pouvoir continuer à voir Tony et voulait savoir comment surmonter la tentation sexuelle. Linda avait trouvé dans sa Bible un verset et elle croyait en sa véracité, mais elle ignorait comment l'appliquer. Il disait : « Aucune tentation ne vous est survenue qui n'ait été humaine ; Dieu est fidèle et ne permettra pas que vous soyez tentés au-delà de vos forces ; mais avec la tentation, Il donnera aussi le moyen d'en sortir, pour que vous puissiez la supporter. » (1 Corinthiens 10.13).

Linda croyait en la fidélité de Dieu et elle reconnaissait que sa tentation était commune aux autres. Son problème consistait à trouver le moyen d'échapper à la tentation pour se conformer à ses convictions. Nous avons discuté pendant un moment, puis nous avons tiré les conclusions suivantes :

Six directives positives pour surmonter la tentation sexuelle

Parler du problème avec son petit ami ou sa petite amie

Si tu éprouves un malaise à parler de ta relation physique avec ton petit ami ou ta petite amie et que tu persistes à dépasser les limites que tu juges correctes, alors tu as un problème. Une bonne relation inclut une communication franche. Dans une bonne relation, le garçon et la fille doivent se montrer désireux et capables d'aborder le problème. Quand Linda s'est décidée à parler à Tony, elle a découvert qu'il éprouvait la même culpabilité qu'elle. Entre parenthèses, parlez de vos problèmes en buvant un verre ou en rentrant de l'école, et non après avoir « dérapé ».

Fixer des limites

Le meilleur conseil que nous ayons reçu mon épouse Cathy et moi avant notre mariage, a été de fixer des règles avant d'être emportés par le flot de nos émotions. Il faut établir des normes qui soient correctes aux yeux des deux personnes impliquées. Une fois de plus, devant un verre, discutez de votre relation physique et décidez quelles seront vos limites. Ensuite, si la tentation survient, il sera plus facile de ne pas violer les décisions prises sciemment.

Planifier des rendez-vous divertissants et agréables

Quand Joseph a été tenté de coucher avec la femme de Potiphar, il s'est précipité à l'extérieur de la maison pour fuir la tentation. Il n'a même pas pris le temps de prendre sa veste (vois Genèse 39.2-15) ! L'un des meilleurs moyens d'éviter la tentation sexuelle consiste à se tenir à l'écart des endroits où il est facile d'être tenté. Planifiez donc des rendez-vous divertissants et agréables. Les sorties en compagnie d'un autre couple peuvent s'avérer bien plus délirantes que des sorties à deux. Il peut aussi être bien plus amusant de sortir à moindre frais mais avec beaucoup d'originalité, que d'organiser un rendez-vous romantique onéreux. Planifiez vos sorties à l'avance et évitez les emplacements de parking et les ruelles sombres !

Prier ensemble

En tant que chrétien, tu cherches, du moins je l'espère, à fréquenter d'autres chrétiens. L'une des meilleures façons de grandir dans la foi et de développer une meilleure relation avec ta petite amie ou ton petit ami consiste à prier avec elle ou lui. Les moments de prière en commun vous rapprocheront de Dieu et l'un de l'autre. Prier ensemble vous aidera à établir des priorités pour votre relation. Et évidemment, prier ensemble en tant que couple vous aidera tous les deux à résister à la tentation sexuelle.

Rompre

L'une des décisions les plus pénibles à prendre consiste à mettre un terme à une relation. Il arrive souvent que nous devenions dépendants d'un partenaire, dans la crainte que plus personne ne veuille ensuite sortir avec nous. Briser une relation n'est jamais facile, particulièrement après avoir connu une certaine intimité sexuelle. Et pourtant, dans bien des cas, la meilleure solution pour tous les deux consiste à rompre. Si votre relation est « destinée » à survivre, vous pourrez toujours vous retrouver plus tard, quand vous serez tous deux devenus plus mûrs.

Intégrer Dieu dans sa relation amoureuse

A tout âge, les individus peuvent éprouver des difficultés à laisser Dieu occuper une place active dans certains domaines de leur vie. Et ceci est particulièrement vrai dans le cas de la sexualité. Pour une raison ou une autre, il est difficile d'abandonner à Dieu ce domaine de notre vie. Je pense que nous craignons parfois que Dieu ne soit un rabat-joie.

S'il est vrai (et j'en suis persuadé) que Dieu se soucie de chaque domaine de notre vie, Il se préoccupe dès lors de notre sexualité et veut le meilleur pour nous. Si, en tant que chrétien, tu laisses Dieu occuper une place active dans ta vie amoureuse, tu éprouveras moins de difficultés à fuir la tentation.

Epilogue

Tony et Linda ont décidé de rompre — Ce ne fut pas facile ! Un an et demi plus tard, tous deux se portent beaucoup mieux. Tony s'en est allé à l'université, où il s'est engagé dans un club chrétien sur le campus, et dit avoir désormais mis de l'ordre dans sa vie. Il confie aussi qu'il fréquente une chrétienne qui l'aide à respecter les limites qu'il s'est fixées dans le domaine amoureux. Linda travaille après ses cours au lycée et suit aussi des cours du soir. L'année prochaine, elle entrera dans une université chrétienne. Elle dit avoir appris à surmonter beaucoup d'épreuves et elle cite Jacques 4.8 : « Approchez-vous de Dieu et Il s'approchera de vous. » Elle n'a fréquenté personne sérieusement au cours de ces dix-huit derniers mois, mais elle se réjouit de vivre une expérience plus positive.

♥ SUJETS DE RÉFLEXION

1. As-tu connu des personnes se trouvant dans une situation similaire à celle de Tony et Linda ? Comment cela s'est-il arrangé ?
2. A ton avis, que voulait dire Paul en 1 Corinthiens 10.13 au sujet de la tentation sexuelle ?
3. Que penses-tu de la suggestion de prier ensemble pour surmonter la tentation ?
4. D'après toi, que signifie permettre à Dieu de jouer un rôle actif dans une relation amoureuse ?
5. De quelles façons pratiques un couple peut-il impliquer le Seigneur dans ses rencontres ?

♥ ÉTAPES PRATIQUES

1. Définis des normes. As-tu sciemment songé à tes limites dans le cadre d'un flirt ? Si tu l'as fait, note-les sur un bout de papier. Dans le cas contraire, réfléchis-y maintenant et note quelques-unes de tes idées.
2. Laisse Dieu devenir un membre à part entière de ta relation amoureuse. Dans quelle mesure entretiens-tu une relation active avec Dieu en ce moment ? Évalue-toi à l'aide du tableau ci-dessous.

Action	Jamais	De temps en temps	Une fois par mois	Une fois par semaine	Presque chaque jour
Je lis la Bible				X	
Je prie		X			
J'assiste aux cultes				X	
Je sors avec d'autres chrétiens				X	
Je parle de Jésus à des amis qui ne Le connaissent pas.		X			
Je demande l'aide de Dieu au lieu d'essayer de résoudre mes problèmes seul.			X		
J'essaie d'impliquer Dieu dans mes relations avec le sexe opposé.	X				

Tu ne peux séparer ta vie amoureuse du reste de ton existence. Si ta relation avec Dieu est vivante et en plein épanouissement, Il peut t'aider à mieux vivre tes relations amoureuses. Si tu ne viens vers Lui qu'occasionnellement ou en cas d'urgence, tu passes la plupart du temps à côté de ce qu'Il peut faire pour toi.

♥ TRAVAIL D'ÉQUIPE

Que l'une des personnes du groupe lise l'histoire de Tony et Linda. Discutez ensuite de la question suivante : Qu'aurais-je dit à Linda si elle m'avait confié ses problèmes ? Notez plusieurs idées sur un tableau ou sur une grande feuille de papier.

Les passages ci-dessous vous aideront à définir des normes de conduite. Souvenez-vous que ces règles ne sont pas spécifiques. Il s'agit plutôt de principes que vous pouvez utiliser comme repères pour déterminer ce que vous ferez. Notez ce que ces versets enseignent en utilisant vos propres mots.

I Corinthiens 3.16

I Corinthiens 6.18-20

I Corinthiens 13.1-7

Éphésiens 5.1,2

2

Où sont les limites ?

Je voudrais avoir reçu 10 francs chaque fois que l'on m'a demandé « Où sont les limites ? » ou « Pouvons-nous nous caresser ? » ou « Que dit la Bible sur les caresses ? ». Je serais riche à l'heure actuelle ! Il s'agit évidemment de grandes questions auxquelles nous nous trouvons confrontés dans le domaine de la sexualité. Parfois, j'aimerais que la Bible se montre plus explicite à ce sujet. Mais ce n'est pas le cas. (Crois-moi, adolescent, j'ai moi aussi parcouru ses pages à la recherche de réponses !)

D'après moi, le problème provient du fait que la plupart des gens posent les mauvaises questions. Nous ne devrions pas demander « Où sont les limites ? » mais plutôt « Où sont mes limites ? ». Le problème n'est pas « Pouvons-nous nous caresser ? » mais bien « Devrais-je caresser ? ». De nos jours, les gens veulent souvent des réponses bien tranchées, où tout est noir ou blanc. Or, dans le domaine des caresses, les réponses ne sont pas faciles et toutes semblent évoluer dans une région plutôt grisâtre.

Avant tout, voyons ce que nous entendons par caresses. Les caresses consistent à toucher, caresser ou câliner les parties intimes du corps d'une autre personne. Il n'existe aucun manuel qui établisse qu'embrasser avec la langue soit permis et caresser non. En fait, il n'existe même aucun manuel qui définisse ce que sont exactement les caresses et ce qu'elles ne sont pas. Pour l'instant, contentons-nous de la simple définition de ce paragraphe.

Une question sans doute plus importante est « Pourquoi caresser ? ». La réponse pourrait nous permettre d'avancer vraiment dans notre réflexion. Dans un de ses livres, Larry Richards précise que, biologiquement, les caresses intimes ne sont pas destinées à satisfaire nos émotions, mais bien à nous stimuler et à nous exciter, amenant ainsi à la pleine expression de la sexualité dans le mariage.

Il a raison. Les caresses intimes et l'excitation peuvent parfois être synonymes. Les caresses amènent à la satisfaction sexuelle ultime, c'est-à-dire à la relation sexuelle proprement dite. Comprends-moi bien. Je ne crois pas que chaque couple qui se caresse finira par avoir une relation sexuelle. Cependant, il est important de comprendre que les caresses ne sont pas conçues pour satisfaire nos émotions ou nos désirs physiques. Elles sont destinées à stimuler et à exciter ces émotions et ces désirs.

Il faut songer aussi que, trop souvent, les caresses ont simplement pour but de trouver un plaisir personnel et ne se concentrent pas sur le partenaire. Certaines personnes impliquées dans une relation où les caresses intimes occupent une place importante perdent leur petit ami ou leur petite amie de vue en s'efforçant de stimuler et de satisfaire leurs propres désirs sexuels. Les caresses peuvent alors devenir une expérience égoïste plutôt qu'un effort visant à communiquer son amour à une autre personne.

Il est également important de préciser que les caresses sont scientifiquement assimilées à certaines drogues : il en faut souvent de plus en plus pour être satisfait. J'ai vu trop de couples qui, ayant entamé leur relation physique innocemment, ont été plongés dans la culpabilité, confrontés à une grossesse non souhaitée ou anéantis par une rupture, pour ne pas avoir résisté au puissant appel de la satisfaction sexuelle à travers le rapport proprement dit. Les jeunes doivent comprendre que chaque être humain éprouve une pulsion sexuelle innée. Nous en remercions Dieu, mais nous devons la maîtriser. Et, avec l'aide de Dieu, nous le pouvons. La personne que nous choisissons de placer aux commandes de notre vie peut faire toute la différence dans le domaine de nos expériences sexuelles.

Notre sexualité étant importante à nos yeux, nous devons en mesurer le prix avant de franchir le cap de l'intimité physique. Je songe à Lise en écrivant ces mots. Lise était une jeune fille solitaire dans mon groupe de jeunes. Elle a commencé à fréquenter l'un des garçons les plus populaires de son école et, comme elle le dit elle-même, elle est tombée « follement et passionnément amoureuse de lui ». Après leur rupture, elle s'est glissée dans mon bureau un jour en pleurant : « Je me sens stupide. Je me sens sale… Je m'étais pourtant fixé des normes sévères et voilà que je ne tiens même plus à lui !… Comment ai-je pu donner autant de mon corps à quelqu'un que je pensais aimer et que je ne peux plus supporter désormais ?… Je n'en avais certainement pas mesuré le prix ! »

Voilà qui témoigne d'une grande maturité pour ses 16 ans. Malheureusement, Lise avait appris durement et trop tard que sa sexualité était personnelle et que si elle se donnait librement avant le mariage, elle le regretterait probablement plus tard. J'espère que tu n'auras pas à connaître la même souffrance que Lise pour tirer les mêmes leçons.

Dans ce chapitre, je me suis efforcé de ne pas t'effrayer intentionnellement. Je cherche uniquement à te donner quelques faits sur lesquels tu puisses méditer. Les caresses intimes sont une question sérieuse. Je n'écris cependant pas à l'intention de l'adolescent qui s'envoie en l'air avec tout le monde. J'écris pour la personne qui est curieuse de la sexualité et cherche à être ce que Dieu attend d'elle. Ayant abordé certains des problèmes, voyons maintenant quelques réponses.

Il n'existe malheureusement pas de réponse facile. La plupart des ouvrages chrétiens sur la jeunesse et la sexualité se contentent de décréter : « Pas de caresse intime avant le mariage ». Si les gens suivaient ce conseil, ils s'épargneraient sans doute de grandes peines et de profonds déchirements. Considérons un instant qu'un individu tombe amoureux en moyenne trois à cinq fois avant le mariage. Si les caresses intimes s'inscrivent au programme de chaque relation, il est très probable qu'une certaine confusion, mêlée de douleur et de culpabilité, mine le domaine de la sexualité.

Ma réponse ne se résume pas à : « Abstiens-toi ». Il est possible que tu vives une expérience de caresses intimes avant le mariage. Mais je tiens par contre à t'éviter autant de peine et de confusion que possible. Comme je l'ai dit précédemment, la Bible ne mentionne pas les caresses intimes. Cependant, au fil des Écritures, nous discernons clairement que le désir de Dieu est de nous voir réserver la relation sexuelle à notre conjoint. Qu'en est-il alors de tous les autres actes, du simple baiser à la caresse des organes sexuels ?

Je pense qu'il est important de se poser la question suivante : « Qu'est-ce qui satisferait Dieu dans notre relation ? ». Si nous envisageons toutes nos relations sous cet angle, nous commençons à considérer notre sexualité d'un point de vue positif plutôt que négatif.

Depuis plusieurs années, je donne aux étudiants un exercice qui leur permet de se fixer des limites personnelles. Il t'aidera à te fixer des normes avant d'atteindre le stade du premier baiser et d'éprouver alors certaines difficultés à maîtriser tes hormones. J'ai fait cet exercice avec de nombreux jeunes et, franchement, je suis toujours étonné par le degré de maturité que j'observe quand nous considérons la question « Où sont mes limites ? ».

Il est essentiel d'y réfléchir et de développer des principes applicable à toute relation physique avant même qu'elle ne voit le jour. N'essaie jamais de fixer des limites quand tu es plongé dans la passion. Établis plutôt soigneusement pour ta relation physique des normes qui te semblent glorifier Dieu au mieux. Souviens-toi que ton corps est le temple du Saint-Esprit (1 Corinthiens 6.19). Songe aussi à ce qui serait le mieux pour ta relation avec ton petit ami ou ta petite amie. Je pense que tu conviendras à long terme que ce qui est le meilleur aux yeux de Dieu est assurément le meilleur pour toi.

♥ SUJETS DE RÉFLEXION

1. Comment définirais-tu les caresses intimes en tes propres termes ?
2. Pourquoi les gens éprouvent-ils tant de difficultés à fixer des limites à leur comportement sexuel ?
3. A ton avis, des filles ou des garçons, lesquels sont davantage intéressés par les caresses ? Penses-tu au contraire que tous éprouvent le même intérêt ?
4. Que penses-tu de ce principe : Une personne qui prend l'habitude de caresser son partenaire a tendance à perdre celui-ci de vue, pour se concentrer plutôt sur son propre plaisir ?
5. Si les limites de ton petit ami ou de ta petite amie diffèrent légèrement des tiennes, comment parviendrez-vous à maintenir une relation confortable et saine pour chacun d'entre vous ?

♥ ÉTAPES PRATIQUES

Où sont mes limites ?

1. Fixe des limites avant le stade du premier baiser (cette étape pratique va un peu plus loin que la première du chapitre précédent).

   Le tableau ci-dessous te donne l'occasion de songer à des actes amoureux précis et à déterminer le type de relation dans laquelle chacun d'entre eux doit s'inscrire. Considère également ces actes en gardant cette question à l'esprit : « Qu'est-ce qui satisferait Dieu ? » et souviens-toi que Dieu ne s'efforce pas de nous rendre malheureux.

   Avant de commencer à travailler sur le tableau, remarque que l'intitulé des colonnes va de « l'amitié » au « mariage ». Une liste d'abréviations se trouve en dessous du tableau, chaque lettre représentant une action précise. Note chaque lettre dans la ou les colonne(s) de la relation dans laquelle tu penses que l'acte en question réjouirait Dieu. Par exemple « RS » pour « relation sexuelle » a déjà été placé dans la colonne du mariage. Nous connaissons la volonté de Dieu quant aux rapports sexuels ; elle est clairement exprimée dans la Bible. Pour les autres actions, détermine soigneusement et logiquement les limites qui réjouiront et glorifieront Dieu.

   R = se regarder
   m = se tenir la main
   M = se tenir la main en permanence
   S = se serrer l'un contre l'autre
   b = baisers légers
   B = baisers appuyés
   BB = baisers avec la langue
   P = caresser la poitrine
   G = caresser les parties génitales
   RS = relation sexuelle

Amitié	R
Fréquentation	m, b, R
Fiançailles	S, M, B, R
Mariage	RS, G, BB, P, R

2. Si tu sors avec quelqu'un en ce moment, tu souhaiteras peut-être demander à ton petit ami ou ta petite amie de compléter le tableau également. Ensuite, vous pourrez comparer vos réponses et discuter des éventuelles différences. Assure-toi simplement de faire cet exercice quand vous êtes tous deux calmes et rationnels, et non dans un tourbillon d'émotions !

♥ TRAVAIL D'ÉQUIPE

Débat

Pour débattre du pour et du contre en matière de caresses intimes, répartissez-vous en groupes de cinq ou six membres. La moitié des groupes ainsi formés sera « pour » et l'autre « contre ». Il est recommandé que les étudiants lisent 1 Corinthiens 3.16, 6.9-20 et 10.31-11.1 avant de formuler leurs arguments. (Certains se trouveront peut-être en désaccord avec la position qui leur est imposée. Dans ce cas, comme dans un débat scolaire, ils devraient simplement tenter de trouver les meilleurs arguments possibles, même s'ils n'y adhèrent pas). Après un certain temps de préparation, les membres de chaque parti peuvent présenter leur point de vue. Après ces préliminaires, le débat proprement dit peut prendre place.

3

Pourquoi attendre ?

Tatiana et Richard avaient pris rendez-vous avec moi. Je les connaissait à peine, mais je savais qu'ils sortaient ensemble depuis un certain temps. Ils sont entrés dans mon bureau, se sont installés et sont allés droit au but. Richard a entamé la conversation en disant : « La semaine dernière, Tatiana et moi avons fait l'amour pour la première fois. Cela nous a rapprochés davantage encore. Nous nous aimons beaucoup. Nous voulons nous marier dans quelques années et nous voulons savoir pourquoi nous devrions attendre de l'être pour avoir des relations sexuelles ! »

J'ai demandé à Tatiana ce qu'elle en pensait. Elle m'a semblé légèrement surprise que Richard se soit confié si rapidement, mais elle a acquiescé pour indiquer qu'elle se posait la même question. Tatiana nourrissait également un peu plus de réserves que Richard sur les relations sexuelles avant le mariage. Elle s'est expliquée à ce propos : « Je me sens très proche de Richard, mais je me suis sentie très coupable depuis lors. Et j'ai peur de tomber enceinte ! »

J'aime vraiment beaucoup Tatiana et Richard. J'apprécie leur franchise et leur désir de prendre la bonne décision. Nous avons parlé pendant deux heures et, au cours de ces moments, ils ont partagé leurs rêves et leurs doutes. Oui, ils s'aimaient mais tous deux se trouvaient trop jeunes pour envisager sérieusement le mariage. La conversation a également permis de constater que Richard tenait davantage aux rapports sexuels que Tatiana.

Quand ils ont quitté mon bureau, je savais que je m'étais fait deux nouveaux amis. Ils voulaient me revoir mais tous deux allaient devoir quitter la ville pendant six semaines au total, pour diverses raisons. Tatiana m'a demandé de songer aux arguments pour lesquels ils devraient attendre, de les noter dans une lettre et d'en envoyer un exemplaire à chacun d'entre eux pour qu'ils puissent y réfléchir et en parler à leur retour. Cette requête était unique, mais j'ai répondu que j'allais essayer. Nous avons échangé nos adresses avant de prendre chaleureusement congé l'un de l'autre pour six semaines. Voici la lettre que je leur ai adressée :

Chers Richard et Tatiana,

Vous êtes tous deux des personnes très spéciales et je pense que Dieu a de grandes choses en réserve pour chacun d'entre vous. J'apprécie votre désir d'être ce que Dieu attend de vous. Notre rencontre de vendredi m'a vraiment amené à réfléchir sérieusement et même à potasser quelques ouvrages sur ce que vous appelez « le grand dilemme ».

Laissez-moi introduire les paragraphes qui suivent en vous rappelant ce que j'ai déjà dit vendredi. Je suis conscient que beaucoup de personnes bien intentionnées commettent l'erreur d'aller « jusqu'au bout » avant le mariage. Bien que la Bible soit claire au sujet des rapports sexuels avant le mariage, Dieu se montre miséricordieux et patient et Il nous aime d'un amour inconditionnel. Je comprends également que les pulsions sexuelles de deux personnes saines qui s'aiment puissent faire naître le désir intense de concrétiser leurs sentiments dans une union physique. Cependant, je suis de plus en plus convaincu que Dieu désire voir les gens s'abstenir de relations sexuelles avant le mariage, et que le respect de ses instructions en la matière correspond à ce qui existe de meilleur pour toute relation.

Le week-end dernier, je suis tombé sur cette citation. Elle est tirée de *Tactique du diable*, de C.S. Lewis : « Il est un fait que chaque fois qu'un homme couche avec une femme, il s'établit entre eux, qu'ils le veuillent ou non, une relation transcendantale dont ils devront jouir ou souffrir éternellement » [1]. Aucun acte n'est plus intime ou personnel que le partage de son corps, de ses émotions et de son état d'esprit dans une union sexuelle. Voilà pourquoi je m'inquiète autant de la promiscuité sexuelle actuelle. La philosophie en vogue est « profite du moment présent » ou « pourquoi se priver de quelque chose d'aussi agréable ? ». Vous convenez avec moi que la sexualité déprécie fortement l'intimité. Je sais que ce n'est pas votre cas. Vous vous aimez et vous êtes relativement engagés l'un envers l'autre.

J'ai rédigé quelques questions dont vous pourrez, je l'espère, discuter ensemble. Elles sont susceptibles de vous aider à prendre consciencieusement et soigneusement la décision d'attendre ou non. Gardez à l'esprit que j'écris ces questions en sachant que vous êtes tous deux des chrétiens sincèrement désireux de grandir dans la foi.

1. Les rapports sexuels avant le mariage risquent-ils de déprécier la valeur des relations sexuelles après le mariage pour l'un ou l'autre d'entre vous ? (Remarquez que dans toutes ces questions, j'inclus chacun d'entre vous dans le processus de prise de décision. Je crois fermement que vous devez tous les deux vous accorder au sujet de cette relation sexuellement active. Sinon, votre relation finira par être déchirée par l'amertume et le ressentiment).

2. Votre conscience vous amène-t-elle à vous sentir mal à l'aise pendant ou après la relation sexuelle ? Se pourrait-il que le Saint-Esprit cherche ainsi à vous remettre en question ?

1 *Tactique du diable*, C.S. Lewis, ebv, 1980, p.61

3. Êtes-vous tous deux également engagés l'un envers l'autre ?

4. Êtes-vous pleinement convaincus au fond de votre cœur que l'autre personne est la « bonne » pour la vie ?

5. D'après vous, que dit la Bible sur les rapports sexuels avant le mariage ? Voici quelques versets à consulter : Actes 15.20 ; 1 Corinthiens 6.13,18-20 ; Éphésiens 5.3 ; 1 Thessaloniciens 4.1-8 et 1 Pierre 2.11.

6. Vous semblez tous deux rechercher ce que Dieu a de meilleur pour vous. Le fait d'avoir des rapports sexuels risque-t-il d'affecter votre efficacité au service de Dieu ou votre relation avec Lui ?

7. Le fait d'avoir des relations sexuelles avant le mariage pourrait-il nuire en quelque façon à votre relation ?

8. Les rapports sexuels avant le mariage pourraient-ils affecter votre communication, ou engendrer une perte de respect ou de la méfiance vis-à-vis de l'autre ?

9. Les rapports sexuels vont-ils stimuler, entraver ou n'avoir aucun impact sur votre relation spirituelle commune ?

10. Avez-vous songé à la possibilité de devenir parents et de devoir vous marier à cause d'une grossesse ? Utilisez-vous un moyen de contraception ?

11. Quelles sont vos motivations pour avoir des rapports sexuels ? Sont-elles pures ?

Je suis convaincu que tout couple qui envisage d'avoir des rapports sexuels avant le mariage devrait considérer ces questions et y répondre honnêtement.

Je voudrais aussi inclure une liste de faits qu'il vous serait utile de prendre en considération. J'ai trouvé cette liste dans un ouvrage excellent écrit par Ray Short. Dans un chapitre sur la virginité, l'auteur précise que la science a pu établir 9 principes sur l'effet probable des rapports sexuels préalables au mariage. Je les reproduis ici pour vous. J'aurais voulu inclure tout le chapitre, mais je me suis contenté de ces 9 constats.

Lorsque vous vous retrouverez, vous pourrez en discuter en couple. Ne craignez pas d'être en désaccord avec Ray ou l'un avec l'autre. Il s'agira pour vous d'un bon exercice de communication et d'une occasion particulière d'en apprendre beaucoup sur les rapports sexuels avant le mariage.

Fait 1 : Les rapports sexuels avant le mariage ont tendance à briser les couples.

Fait 2 : Beaucoup d'hommes refusent d'épouser une femme qui a déjà eu des rapports sexuels avec quelqu'un d'autre.

Fait 3 : Ceux qui ont des rapports sexuels avant le mariage ont tendance à connaître des unions moins harmonieuses.

Fait 4 : Ceux qui ont des rapports sexuels avant le mariage ont plus de probabilités de voir leur union se solder par un divorce.

Fait 5 : Les personnes et les couples qui ont eu des rapports sexuels avant le mariage sont plus susceptibles d'entretenir des relations extraconjugales.

Fait 6 : Le fait d'avoir des relations sexuelles avant le mariage peut pousser quelqu'un à épouser une personne qui n'est pas vraiment faite pour lui.

Fait 7 : Les personnes et les couples qui ont une expérience sexuelle préalable au mariage semblent atteindre la satisfaction sexuelle plus rapidement après le mariage. CEPENDANT…

Fait 8 : Ils sont susceptibles d'être moins satisfaits en général de leur vie sexuelle conjugale.

Fait 9 : De mauvaises habitudes sexuelles prises avant le mariage peuvent être reproduites et nuire à la sexualité conjugale.

Pour être honnête, Richard et Tatiana, j'ignore où Ray Short a obtenu cette information. Mais je pense que chacun de ces « faits » vaut la peine que vous en discutiez. Ils contiennent vraiment des points importants que vous devez considérer attentivement.

Vous désirez prendre le temps de considérer ce qui est le meilleur pour vous, pour votre relation en tant que couple et pour votre relation avec Dieu. Plus j'y pense et plus je vous respecte tous les deux. Je crains que trop de partenaires s'abandonnent aux rapports sexuels trop hâtivement. Sans y avoir vraiment réfléchi, ils créent une situation qui peut influencer toute la suite de leur vie.

Une dernière chose avant de conclure. Bien qu'à l'heure actuelle, vous soyez relativement sûrs de vous marier un jour et ne vouliez naturellement pas envisager une autre issue, permettez-moi de jouer l'avocat du diable pendant un moment. Les études ont recensé une moyenne de cinq « véritables » amours chez les jeunes, entre 13 et 19 ans. Vous convenez tous deux qu'il vous reste un long chemin à parcourir avant le mariage. Que se passera-t-il si vous ne vous mariez pas finalement ? A douze ans, j'étais persuadé que j'épouserais Geri, à quatorze ans Nancy et Carol à seize ans ! Il est étonnant de constater à quel point nous pouvons changer d'avis !

Je suis conscient de vous avoir donné beaucoup de matière à réflexion. Je crois en vous deux et je me réjouis de passer à nouveau du temps avec vous à l'avenir. Je vous remercie pour le véritable privilège de pouvoir faire partie de votre vie.

Votre frère en Christ,
Jim

SUJETS DE RÉFLEXION

1. Penses-tu que Tatiana et Richard ont pris la bonne décision en discutant de leur « grand dilemme » avec un conseiller ? Pourquoi ?
2. Dans la lettre de Jim, quels sont les conseils qui te semblent bons ?
3. Laquelle des 11 questions posées par Jim à Richard et Tatiana était la plus significative ?
4. Que penses-tu des 9 faits scientifiques partagés par Jim ? Es-tu d'accord ou non avec eux ? Pourquoi ?
5. Une étude a démontré que l'individu moyen connaissait cinq « amours véritables » entre 13 et 19 ans. Ce constat est général, mais comment cette statistique affecte-t-elle ton opinion sur les mariages entre adolescents ?

Consacre quelques instants à répondre aux questions posées à Richard et à Tatiana. Si ta situation est différente de la leur, réponds en imaginant être dans leur cas.

1. Les rapports sexuels avant le mariage risquent-ils de déprécier la valeur des relations sexuelles après le mariage pour l'un ou l'autre d'entre vous ?
2. Votre conscience vous amène(rait)-t-elle à vous sentir mal à l'aise pendant ou après la relation sexuelle ? Se pourrait-il que le Saint-Esprit cherche ainsi à vous remettre en question ?

3. Êtes-vous tous deux également engagés l'un envers l'autre ?
4. Êtes-vous pleinement convaincus au fond de votre cœur que l'autre personne est la « bonne » pour la vie ?
5. D'après vous, que dit la Bible sur les rapports sexuels avant le mariage ? Voici quelques versets à consulter : Actes 15.20 ; 1 Corinthiens 6.13,18-20 ; Éphésiens 5.3 ; 1 Thessaloniciens 4.1-8 et 1 Pierre 2.11.
6. Le fait d'avoir des relations sexuelles avant le mariage pourrait-il nuire en quelque façon à votre relation ?
7. Les rapports sexuels avant le mariage pourraient-ils affecter votre communication, ou engendrer une perte de respect ou de la méfiance vis-à-vis de l'autre ?
8. Les rapports sexuels vont-ils stimuler, entraver ou n'avoir aucun impact sur votre relation spirituelle commune ?
9. Avez-vous songé à la possibilité de devenir parents et de vous marier à cause d'une grossesse ? Utilisez-vous un moyen de contraception ?
10. Quelles motivations vous amènent à avoir des rapports sexuels ? Sont-elles pures ?

♥ TRAVAIL D'ÉQUIPE

Examinez les 9 faits énumérés par Ray Short. Discutez ensemble de ce que vous considérez être les arguments les plus convaincants contre les rapports sexuels préalables au mariage et pourquoi.

4

Le défi de la pureté sexuelle

A l'âge de 15 ans, Esther est l'une des plus jolies filles que je connaisse. Ses grands yeux bleus et son sourire radieux attirent tous les regards vers elle. Non seulement elle possède un charme extérieur indéniable, mais sa beauté intérieure irradie (désolé, les gars, je ne suis pas autorisé à divulguer son numéro de téléphone !). Un jour, après avoir pris la parole dans la chapelle de son lycée chrétien sur l'un de mes sujets favoris, la sexualité, Esther est venue directement vers moi. Un large sourire éclairait son visage et son expression semblait indiquer qu'elle allait me confier un grand secret. Sans un mot, elle a brandi sa main droite sous mon nez en me montrant ainsi une magnifique bague. Je me suis exclamé : « C'est merveilleux. Qui est l'heureux élu ? »

Elle a ri et elle a répondu : « Mon père et Dieu. »

Je me suis assis, décontenancé : « Tu ferais mieux de m'expliquer. »

Et Esther m'a raconté une très belle histoire. « Pour mon premier rendez-vous, c'est par mon père que j'ai été invitée. Nous nous sommes mis sur notre trente et un et nous sommes allés dans un grand restaurant. Nous avons eu la plus intéressante des conversations sur le fait de rester vierge jusqu'au mariage. Il ne m'a pas fait la morale. Il a seulement partagé ouvertement et honnêtement les espoirs qu'il nourrissait pour moi. Après le repas, il m'a remis un cadeau. C'était une petite boîte joliment emballée. Je pouvais deviner que mon père ne l'avait pas emballée lui-même ! Elle contenait cette magnifique bague. Puis, mon père m'a dit : 'Ta mère et moi, nous voulons t'offrir cette bague pour symboliser ton engagement de rester sexuellement pure jusqu'au mariage.' Ensuite, il s'est attardé sur chacune des pierres. La pierre du milieu représente mon engagement envers Dieu, la pierre du dessus mon engagement envers mes parents et celle du bas mon engagement envers mon futur mari, peu importe qui il sera. » Et Esther de conclure : « J'ai eu mon premier rendez-vous avec mon père le jour de la Saint Valentin, mais je ne l'oublierai jamais et je le chérirai toujours dans ma mémoire. »

Après cette sortie, le père d'Esther lui a proposé de prier avec elle pour demander l'aide de Dieu pour rester sexuellement pure jusqu'au mariage. Elle a accepté et ils ont prié. A ce stade de notre conversation, j'avais les larmes aux yeux. Le but d'Esther était d'offrir sa bague à son mari lors de leur nuit de noces.

Tu as peut-être vécu une expérience spéciale avec l'un de tes parents, comme Esther avec son papa (je l'espère pour toi), mais il y a de fortes chances pour que cela ne soit pas le cas. Cela ne signifie pas pour autant que tu ne puisses pas relever le défi de la pureté sexuelle. Voici en quoi il consiste : Es-tu prêt à dire à Dieu « Je te confie ma sexualité et je m'engage à ne pas avoir de relation sexuelle avant le mariage » ?

Pour être honnête, les statistiques nous montrent que tu entrerais dans la minorité si tu relevais ce défi. Malheureusement, une majorité d'individus connaissent leur première expérience sexuelle avant l'âge de 19 ans. Cependant, l'engagement envers la pureté sexuelle serait l'une des décisions les plus importantes de ta vie. Voici ce que dit la Bible :

> Ne savez-vous pas ceci : votre corps est le temple du Saint-Esprit qui est en vous et que vous avez reçu de Dieu, et vous n'êtes pas à vous-mêmes ? Car vous avez été rachetés à grand prix. Glorifiez donc Dieu dans votre corps. (I Corinthiens 6.19-20)

Parce que, en tant que chrétien, ton corps est le temple du Saint-Esprit et parce que Christ est mort pour toi sur la croix, tu as toutes les raisons d'honorer Dieu avec ton corps. Ceci implique notamment de faire don à Dieu de ta pureté sexuelle. Je n'ai jamais rencontré personne qui ait regretté d'avoir attendu jusqu'au mariage. Mais j'ai rencontré des centaines d'hommes et de femmes qui regrettaient de ne pas avoir attendu, à cause du poids de cet « excédent de bagage » emporté dans leur mariage.

Mon espoir est que tu n'attendes pas un instant de plus pour poser ce livre et relever le défi de la pureté sexuelle. Dès à présent, prends l'engagement de rester sexuellement pur jusqu'au mariage, en refusant les rapports sexuels jusqu'à ta nuit de noces. Tu ne regretteras pas cette décision !

Et si j'ai déjà tout gâché ?

Bon nombre de ceux et celles qui lisent cet ouvrage auront déjà manqué le but et auront connu une expérience sexuelle à un moment ou à un autre. Ils ont brûlé les étapes et ne sont plus vierges. J'ai une bonne nouvelle pour vous : vous pouvez redevenir vierges aux yeux de Dieu. Après Lui avoir demandé pardon et pris l'engagement de rester purs sur le plan sexuel, Dieu vous verra comme si vous n'aviez jamais péché. Le Seigneur a dit à Esaïe : « C'est Moi, Moi qui efface tes crimes pour l'amour de Moi, et Je ne Me souviendrai plus de tes péchés. » (Esaïe 43.25). C'est une bonne nouvelle pour ceux qui ont échoué !

Dans le monde moderne, nous avons besoin de toutes les armes possibles pour rester sexuellement purs. L'engagement de donner ton corps à Dieu et de L'honorer, ainsi que ton futur conjoint, par ta virginité, est l'une des plus puissantes formes d'engagement.

♥ SUJETS DE RÉFLEXION

1. Qu'est-ce qui empêche les gens de relever le défi de la pureté sexuelle ?
2. Avec qui peux-tu aborder ouvertement et honnêtement les questions sexuelles ?
3. Lis 1 Corinthiens 6.19-20. Comment le verset 19 s'applique-t-il à la pureté sexuelle ?
4. Pourquoi est-il parfois difficile de croire que Dieu « efface » effectivement tout péché confessé ?
5. Après avoir lu ce chapitre, qu'as-tu décidé pour ta sexualité ?

♥ ÉTAPES PRATIQUES

1. Prends dès aujourd'hui la décision de relever le défi de la pureté sexuelle. Consacre un moment à prier Dieu et à remettre ta sexualité entre ses mains.

Prie pour recevoir :

a. la force de résister à la tentation ;

b. la sagesse dans le cadre de tes relations amoureuses ;

c. le désir permanent de rester sexuellement pur

Prie pour ton futur mari ou ta future femme.

2. Confie ta décision de rester sexuellement pur à tes parents ou à un ami. Une fois que tu auras pris une décision, rien ne vaut le fait de se confier à quelqu'un et de demander à cette personne de t'aider à respecter ton engagement.

♥ TRAVAIL D'ÉQUIPE

Voici une lettre très particulière et personnelle adressée à un jeune garçon de 15 ans, prénommé Jonathan. Jonathan et son père avaient organisé une soirée semblable au rendez-vous d'Esther avec son papa. Au cours du repas, le père de Jonathan a tendu cette lettre à son fils. Elle avait été écrite par un pasteur :

Cher Jonathan,

Ton père m'a confié que vous alliez tous deux avoir une discussion très importante. J'ai été invité à y participer par le biais de cette lettre. On m'a demandé d'évoquer la pureté, la pureté sexuelle, même si je suppose ne pas avoir grand-chose à te dire que tu n'aies déjà entendu auparavant.

Je suis certain que tes parents t'ont prodigué un bon enseignement. Mais je veux t'encourager à agir en fonction de ce que tu sais déjà. Crois-moi, il vaut la peine de réserver les relations sexuelles au mariage et de te garder pur pour la femme avec laquelle Dieu veut que tu passes ta vie. Le Seigneur a défini la sexualité de cette façon pour de bonnes raisons. Des tas de gens qui ont méprisé son plan dans ce domaine te diront combien ils le regrettent.

Tu vas avoir besoin d'encouragements supplémentaires de ce type dans les jours à venir. C'est une chose de savoir ce qui est juste, mais c'en est une autre de s'y conformer chaque jour. Au cours des quelques prochaines années, tu seras certainement confronté à des pressions visant à modifier ou à compromettre tes valeurs ; pressions de tes amis, de la publicité, de la télévision et du cinéma, et de centaines d'autres sources. Tu pourrais même te retrouver dans des situations où il pourrait être aisé de t'abandonner à la tentation sexuelle.

L'une des meilleures façons d'y résister est d'apprendre à t'apprécier. Si tu nourris de bons sentiments à ton égard, tu posséderas l'assurance nécessaire pour prendre position, même si tu es le seul à l'occuper ! Rappelle-toi seulement qui tu es et ce que tes parents t'ont enseigné. La certitude que Dieu t'aime et a un plan pour ta vie te donnera une grande force.

Si, par contre, tu te sens inférieur aux autres, il sera bien plus facile de les laisser te confiner dans leur moule. Ne l'accepte pas ! Tu as toute la vie devant toi et elle vaut la peine que tu te battes pour elle. J'espère que ces quelques lignes t'aideront, Jonathan. Je suis certain que ton père aura davantage à t'en dire sur le sujet. Tu as de la chance d'avoir des parents qui se soucient autant de toi ! Profite de leur sagesse et sois encouragé par leur amour. Que Dieu te bénisse !

Répondez à ces questions :

1. Parmi les conseils dispensés dans cette lettre, lequel est le meilleur pour toi ?
2. Si tu pouvais t'adresser personnellement une lettre, qu'écrirais-tu pour t'aider à rester pur sexuellement ?

L'influence de la sexualité

L'un des mots les plus puissants de notre langue est un célèbre terme de quatre lettres : « sexe ». Sois attentif la prochaine fois que tu te trouveras à l'école avec des amis. Quand la discussion s'oriente vers le sujet, tout le monde s'arrête pour écouter ! L'une des questions importantes que tout le monde devrait se poser est la raison pour laquelle la sexualité exerce une telle influence sur notre vie. L'un de mes amis universitaires a fait ce constat sur ses propres conversations : « Avec la plupart de mes amis, tous nos sujets de conversation finissent toujours par déboucher sur le sexe ! Notre société est dingue de sexe ! »

Eh bien, mon ami avait raison. Notre société est un peu « dingue de sexe ». L'autre jour, j'ai aperçu un T-shirt sur lequel était imprimé en grandes lettres rouges : « Les sucreries, c'est cool, mais le sexe ne donne pas de caries ! » La remarque est sans doute exacte d'un point de vue strictement médical, mais je pense que le problème dépasse de loin cette observation judicieuse ! Pour mieux comprendre notre sexualité, il est essentiel de nous demander pourquoi elle exerce une influence aussi considérable sur notre vie.

Les médias font appel à notre sexualité

T'es-tu jamais rendu compte de la fréquence et de l'efficacité avec lesquelles les médias utilisent notre sexualité pour vendre des produits ? Il n'est pas rare de voir un spot publicitaire à la télévision dans lequel la plus belle-fille du monde vend de la crème à raser. Ou dans lequel Monsieur Univers tente de te convaincre avec ses muscles saillants, ses cheveux blonds bouclés, sa voix profonde et son bronzage doré que, toi aussi, tu peux lui ressembler si seulement tu portes le bon parfum. Mais le pire, c'est que des millions d'entre nous achètent cette marque de crème à raser ou de parfum parce que nous croyons ce que les médias prétendent ! (Crois-moi, rien ne marche. J'ai acheté tous ces trucs et je suis toujours petit et chauve !) Nous sommes encerclés par la sensualité des médias, depuis les panneaux d'affichage jusqu'à la dernière histoire d'amour au cinéma. Nous devons savoir que les médias utiliseront toujours le pouvoir de la sexualité pour attirer notre attention.

La sexualité est mystérieuse

Une autre raison expliquant l'influence considérable de la sexualité est son mystère. Je suis marié depuis plus de 12 ans et le sexe reste un mystère pour moi ! Je ne pense pas qu'il en existe de plus insondable dans le monde. Tout individu sain de corps et d'esprit éprouve de la curiosité envers le sexe et c'est normal. Quand je prends la parole sur le sujet lors de conférences, je suis toujours étonné par le calme et l'attention du public. Faut-il l'imputer à mes talents d'orateur ? Je voudrais que cela soit le cas ! Mais la vraie raison est que tout le monde est curieux. D'une certaine façon, nous devinons la beauté cachée dans le mystère de notre sexualité. Je pense que Dieu a rendu la sexualité mystérieuse parce qu'Il voulait que nous lui réservions une place spéciale. Si le sexe cesse d'être un mystère à tes yeux, il est temps de t'inquiéter.

La sexualité est amusante

Cet aspect de l'influence de la sexualité dans notre vie peut te sembler étrange, mais laisse-moi une chance de m'expliquer. La sexualité est amusante. Après plus de 12 ans d'expérience, je peux affirmer que la sexualité est amusante. Dieu l'a créée pour être agréable. Je crois qu'Il éprouve un grand plaisir à procurer à ses enfants des expériences agréables et, admettons-le, la sexualité est l'une des expériences les plus intenses qui soient ! Avant de déposer ce livre, poursuis ta lecture...

L'une des raisons pour lesquelles le sujet est tant évoqué est que la sexualité peut être une expérience fantastique. Ne t'y trompe pas cependant, en pensant que tous les aspects de la sexualité sont amusants. Dieu veut le meilleur pour toi et c'est la raison pour laquelle Il te demande de te préserver pour ton conjoint. Les rapports sexuels avant le mariage étant contraires au plan de Dieu pour nous, ils se révèlent souvent pas du tout amusants. J'ai rencontré des garçons et des filles qui avaient vécu des expériences sexuelles négatives et en porteront les cicatrices toute leur vie. Je parlerai plus tard du sexe en dehors du mariage. Le point principal que je veux souligner ici est simplement que nous devons être conscients que la sexualité exerce une influence majeure sur nos pensées.

Comment Dieu envisage-t-Il la sexualité ?

Tout le monde conviendra que la sexualité exerce une influence sur notre vie, mais il est important pour nous de considérer sérieusement une autre question essentielle : Comment

Dieu envisage-t-Il la sexualité ? La plupart de ceux qui lisent cet ouvrage croient en Dieu, cherchent à Le satisfaire et à vivre sincèrement en accord avec sa volonté. Pour découvrir comment Dieu envisage la sexualité et en quoi consiste sa volonté, nous devons examiner ce que la Bible en dit.

Beaucoup de chrétiens doivent commencer par effacer certaines idées reçues sur ce que la Bible dit prétendument de la sexualité parce que, malheureusement, beaucoup d'entre nous ont simplement été mal enseignés ! Des enseignants bien intentionnés ont transmis directement ou indirectement l'idée que la sexualité était sale, dégradante et répugnante et que nous devions réserver cette expérience sale, dégradante et répugnante au mariage. De grâce, rectifions sans attendre : aux yeux de Dieu, ta sexualité n'est ni sale, ni dégradante, ni répugnante !

Dieu a créé ta sexualité. Lis Genèse 2.18-25. Ce texte raconte la création d'Ève, la partenaire d'Adam. Adam déborde d'enthousiasme parce que ses seuls compagnons avant Ève étaient « tous les animaux des champs et tous les oiseaux du ciel » (verset 19). Ils sont peut-être d'excellents animaux de compagnie, mais ils ne sont pas vraiment le partenaire idéal avec lequel Adam rêvait de partager sa vie. Quand il s'est réveillé de sa petite sieste et a rencontré Ève pour la première fois, Adam a été enthousiasmé. La façon dont la Bible décrit leur relation nous donne une leçon : « C'est pourquoi l'homme quittera son père et sa mère et s'attachera à sa femme, *et ils deviendront une seule chair. L'homme et sa femme étaient tous les deux nus et n'en avaient pas honte.* » (Genèse 2.24-25, italiques ajoutés)

Dieu a créé l'homme et la femme. Il a créé leur corps, leur âme et leur esprit. Sa main est intervenue dans chaque aspect de leur être et leur sexualité était un domaine important de vie. Remarque qu'après avoir créé la lumière, les ténèbres, la terre, la végétation, les étoiles, les oiseaux, les poissons et les animaux, « Dieu vit que cela était bon » (Genèse 1.25). Cependant, quand Dieu a créé une compagne pour Adam, Il a trouvé que « c'était très bon » (Genèse 1.31).

A mon avis, la seule conviction bibliquement exacte est que Dieu a créé la sexualité et qu'Il la considère très bonne. Le problème de notre société est que son attitude envers la sexualité est incomplète. Ayant été créée par Dieu, nous devrions la considérer comme son cadeau spécial à notre attention.

Voyons un autre passage de la Bible, tiré du Nouveau Testament cette fois :

> Fuyez l'immoralité ! Tout autre péché que commet un homme reste extérieur à son corps ; mais l'homme qui se livre à l'immoralité pèche contre son propre corps. Ne savez-vous pas que votre corps est le temple du Saint-Esprit, cet Esprit qui est en vous et que Dieu vous a donné ? Vous ne vous appartenez pas à vous-mêmes : Dieu vous a acquis, Il a payé le prix pour cela. Utilisez donc votre corps pour la gloire de Dieu. (I Corinthiens 6.18-20, français courant).

En lisant ce passage de la Parole de Dieu, deux points me sautent littéralement aux yeux. Tout d'abord, notre corps est le temple du Saint-Esprit. Le Saint-Esprit de Dieu y habite littéralement. Je comprends par là que notre corps est très spécial et que nous devrions le traiter avec respect et honneur. Ce principe est valable quand nous envisageons notre sexualité, quand nous décidons ce que nous mangeons ou quand nous travaillons à maintenir notre « temple » en bonne forme physique.

L'autre point qui ressort de ce passage est que nous devons glorifier Dieu avec notre corps. Ce que tu fais de ton corps est l'une des rares choses dans la vie qui soient presque entièrement sous ton contrôle. Tu peux choisir d'honorer Dieu ou de Le déshonorer avec ton corps. Les décisions que tu prends sur les relations sexuelles peuvent ou non honorer Dieu.

Regardons la vérité en face. Pendant toute notre vie (même à l'âge de la retraite), la sexualité nous influence. La grande question pour toi comme pour moi est de savoir comment elle nous influencera. Veille à remettre en question l'influence des médias. Veille à apprendre en quoi consiste le désir de Dieu pour ta sexualité. Alors, tu n'auras jamais à te contenter d'une contrefaçon de l'amour.

♥ SUJETS DE RÉFLEXION

1. On dit des médias qu'ils exercent une grande influence sur notre façon d'envisager la sexualité. Es-tu d'accord ou non ? Pourquoi ?
2. Comment peux-tu spécifiquement te préserver de la forte influence sexuelle des médias ?
3. Si Dieu a créé la sexualité et la considère très bonne, pourquoi nous demande-t-Il d'attendre jusqu'au mariage pour avoir des relations sexuelles ?
4. A ton avis, pourquoi le monde s'intéresse-t-il tant à la sexualité ?

♥ ÉTAPES PRATIQUES

A. L'influence de la sexualité dans les médias : pendant les quelques jours qui suivent, sois attentif aux publicités que diffusent la télévision, les journaux et les magazines.

1. Combien de publicités utilisent la sexualité d'une façon ou d'une autre pour promouvoir leurs produits ?

2. Combien de publicités utilisent le corps de la femme d'une façon ou d'une autre ?
3. Combien de publicités utilisent le corps de l'homme d'une façon ou d'une autre ?
4. Combien de publicités utilisent à la fois le corps de l'homme et le corps de la femme ?
5. Combien de publicités suggèrent une relation sexuelle entre un homme et une femme ?

La sexualité est également présente dans le monde des divertissements :

6. Songe au dernier film que tu as vu. Il est très probable que la sexualité ait été intégrée dans l'action, voire dans l'intrigue même ! Quel message sur les relations ou la sexualité communiquait ce film ?
7. Ce message était-il sain ou malsain ? Réjouit-il Dieu ou non ?
8. Considère aussi les programmes télévisés les plus populaires. Choisis une série et note deux ou trois de ses messages sur la sexualité.

Une prise de conscience sur la nature de ces enseignants (les industries publicitaire, cinématographique et télévisée) peut nous aider à ne pas être influencés par leurs messages, qui vont souvent à l'encontre des enseignements de la Bible.

B. Au cours de la semaine prochaine, note les diverses attitudes envers la sexualité que tu entends et observes autour de toi. Relèves-en la source et décris-les brièvement. Deux exemples te mettront sur la voie.

La source	L'attitude
Publicité télévisée	La sexualité vend un produit.
Des types dans les vestiaires	La sexualité est une conquête dont on peut se vanter.

La source	L'attitude

♥ TRAVAIL D'ÉQUIPE

Dieu a créé la sexualité !

Voici un excellent point de départ pour une discussion de groupe :

- ♥ La phrase « Dieu a créé la sexualité » remet-elle en question certaines de tes idées sur la sexualité ?
- ♥ As-tu assimilé quelque part que la sexualité était sale ?
- ♥ Demande à Dieu de t'aider à considérer la sexualité comme un don de sa part à ton intention, un don qu'Il veut que tu préserves jusqu'au mariage.

Lis les passages bibliques suivants et résume avec tes propres mots ce qu'ils disent de l'attitude biblique à adopter envers la sexualité.

Passages bibliques	Ma propre formulation
Genèse 2.20-25	

Passages bibliques	Ma propre formulation
Proverbes 5.18-19	
Proverbes 18.22	
Cantique des cant. 5.10-16	
Cantique des cant. 7.1-9	
1 Corinthiens 6.18-20	
1 Corinthiens 7.3	
Hébreux 13.4	

6

Le rapport sexuel

Le rapport sexuel a été qualifié de « sensationnel, émouvant, ennuyant, choquant, profondément satisfaisant, douloureux, merveilleusement confortable, décevant, fascinant, dégoûtant et délicieux » et la liste pourrait s'allonger encore et encore. Voilà pourquoi à la question « Sur quels sujets voudriez-vous en savoir plus ? » dans une enquête sur la sexualité, la plupart des jeunes interrogés ont répondu « le rapport sexuel ».

Ce même sondage nous apprend aussi que presque 6 adolescents de 16 à 18 ans sur 10 ont déjà eu des rapports sexuels. Ce résultat indique que les jeunes se montrent désireux d'obtenir des informations sur le rapport sexuel non seulement avant de l'expérimenter, mais également après. Nous pouvons donc en conclure qu'il est possible d'avoir des relations sexuelles sans les comprendre. Je pense qu'il est sain de vouloir en apprendre davantage et de se poser des questions sur le sujet.

Se demander à quoi ressemblera cette expérience partagée avec son conjoint n'est certainement pas néfaste. En fait, il n'y a rien de plus naturel.

Nos interrogations sur le rapport sexuel peuvent nous amener à découvrir ce que Dieu en dit. Nous pourrions ainsi nous rendre compte que la Bible ne regorge pas autant d'interdits et d'obligations que nous le supposons parfois. Cependant, elle déclare clairement que le rapport sexuel en dehors du mariage n'est pas correct aux yeux de Dieu. Tu as probablement déjà entendu les mots « adultère » et « fornication ». Voici comment le Petit Robert définit ces termes. L'adultère est le « fait d'avoir volontairement des rapports sexuels en dehors des liens du mariage ». La fornication consiste en « relations charnelles entre deux personnes qui ne sont ni mariées ni liées par des vœux ».

Au lycée, peu après ma conversion, je me posais beaucoup de questions et je me sentais frustré parce que la Bible était parfois trop imprécise. A d'autres moments, je doutais des Écritures et je trouvais leur interdiction des rapports sexuels avant le mariage complètement dépassée. Dieu est-Il donc le rabat-joie par excellence en matière de sexualité ? Beaucoup de ceux qui lisent ce livre se posent les mêmes questions. Je voudrais les aider à y répondre en leur donnant quatre raisons d'être des relations sexuelles au sein du mariage. Ces quatre raisons ne sont soumises à aucun ordre précis. Chacune représente par contre une dimension importante du rôle du rapport sexuel dans le mariage.

Le rôle du rapport sexuel dans le mariage

L'unité : une seule chair

De manière mystérieuse et presque sacrée, quand deux personnes ont une relation sexuelle, elles deviennent une seule chair. L'acte physique d'insertion du pénis dans le vagin symbolise l'unité du couple. La Bible l'exprime en ces termes : « C'est pourquoi l'homme quittera son père et sa mère et s'attachera à sa femme, et ils deviendront une seule chair. » (Genèse 2.24). Ce verset évoque l'unité réelle qui lie intimement un couple à un point tel que chaque individu partage complètement la nudité de l'autre. Il est très intéressant de constater que le verset suivant de la Genèse dit : « L'homme et sa femme étaient tous les deux nus et n'en avaient pas honte. » (verset 25). Ce concept de totale unité charnelle est rarement évoqué de nos jours. Il s'agit pourtant d'un aspect très particulier du rapport sexuel.

La communication

La forme la plus profonde de la communication et de l'amour est probablement le rapport sexuel. Pendant mes relations sexuelles avec mon épouse, mille détails me rappellent que nous exprimons et partageons physiquement notre amour le plus profond l'un pour l'autre. Une tendresse bien particulière présente au cours de cette expérience intime communique un amour inconditionnel, similaire à l'amour sacrificiel de Dieu pour l'humanité. Pendant les relations sexuelles, nous exprimons le plus profond des engagements. Les rapports sexuels ayant uniquement pour but le plaisir égoïste sont au mieux médiocres, car ils émettent un message puissant d'irrespect envers l'autre personne, qui peut être assez douloureux.

Le plaisir

Comme je l'ai mentionné dans le chapitre précédent, la sexualité est amusante ! A mon avis, rien n'est plus agréable au monde que l'expérience partagée de la relation sexuelle conjugale. Au cours d'une récente session d'accompagnement, une jeune fille de 16 ans évoquait ses problèmes. Parlant de sa première expérience sexuelle, elle m'a dit : « Je n'ai pas du tout apprécié. Nous étions pressés, j'avais peur et la voiture n'était pas confortable. » Les rapports sexuels ne sont pas supposés ressembler à cela ! La relation sexuelle est destinée à être vécue dans l'atmosphère détendue, romantique et plaisante du lit nuptial et non sur le siège arrière d'un véhicule !

Il est tellement regrettable que pendant tant de siècles, l'Église ait erronément entretenu l'idée que le rapport sexuel avait uniquement pour but de « faire des bébés ». Il est exact qu'une relation sexuelle peut créer une autre vie, mais elle est loin de se résumer à un acte de procréation. Le plaisir à l'état pur, la communication intime et l'union symbolique et physique du rapport sexuel conjugal en font l'un des dons les plus particuliers que Dieu ait jamais faits à l'humanité.

La procréation

Bien entendu, le rapport sexuel est la méthode utilisée par Dieu pour créer un enfant. C'est un miracle conçu par Dieu. Et je le considère comme l'un de ses prodiges les plus fantastiques et comme une idée des plus merveilleuses ! Le miracle de la rencontre entre le spermatozoïde masculin et l'ovule féminin au bon moment pour créer la vie en est un exemple parfait ! La beauté de deux êtres mariés qui s'aiment pour aider Dieu à créer une autre vie, chair de leur chair et sang de leur sang, dépasse ce que les mots peuvent décrire.

En créant la sexualité, l'objectif particulier de Dieu était que deux personnes mariées produisent une descendance à partir de leur propre vie. Il est tragique que tant de grossesses non désirées voient le jour chaque année et il est honteux qu'un acte aussi merveilleux que la création d'une nouvelle vie soit pris à la légère par tant de nos contemporains. Quand deux personnes se croient suffisamment mûres pour avoir des relations sexuelles, en tant que mari et femme, elles devraient envisager l'éventualité de devoir élever un enfant. Si elles n'ont pas considéré la possibilité de devenir parents, elles n'ont pas vécu le rapport sexuel comme Dieu désire que l'humanité l'expérimente.

Après avoir sondé les Écritures sur les rapports sexuels en dehors du mariage, je ne considère plus Dieu comme un grand rabat-joie. Je comprends désormais qu'en créant un acte aussi spécial et significatif que l'intimité du rapport sexuel, Il ait recherché le meilleur pour sa création. Dieu savait que la meilleure des sexualités se partage entre un homme et une femme qui s'aiment de manière inconditionnelle et se sont engagés à prolonger leur relation pendant la vie entière à travers le mariage. Je ne dis pas que toutes les relations sexuelles en dehors du mariage produisent uniquement des sentiments négatifs. Je te mentirais en le prétendant. Mais je me demande pourquoi il faudrait viser moins que le meilleur prévu par Dieu, alors que respecter son plan apporte la véritable satisfaction que la relation sexuelle est censée produire.

♥ SUJETS DE RÉFLEXION

1. Les adolescents de ton entourage souhaiteraient-ils obtenir plus d'informations sur les rapports sexuels ?
2. D'après toi, quels sont les autres sujets touchant à la sexualité sur lesquels les adolescents voudraient en savoir plus ?
3. Penses-tu que Jim a raison d'inclure le « plaisir » dans les raisons d'être du rapport sexuel ? Pourquoi ?
4. Es-tu d'accord ou non avec ce principe concernant la procréation : Quand deux personnes se croient suffisamment mûres pour avoir des relations sexuelles, en tant que mari et femme, elles devraient envisager l'éventualité de devoir élever un enfant. Si elles n'ont pas considéré la possibilité de devenir parents, elles n'ont pas vécu le rapport sexuel comme Dieu désire que l'humanité l'expérimente. Justifie ta réponse.

♥ ÉTAPES PRATIQUES

1. Cette application pratique va peut-être te sembler difficile !

Demande à un adulte marié que tu respectes et à qui tu fais confiance de lire ce chapitre et de te donner son avis sur le contenu.

2. Songe un moment aux idées que tu entretiens sur le rapport sexuel, de l'origine de ces idées et de la fiabilité de tes sources. Prends quelques notes sur le tableau ci-dessous pour t'aider à avoir une image plus claire des diverses influences qui ont modelé tes attitudes. Deux exemples ont été indiqués pour t'aider.

Une idée entretenue sur les rapports sexuels	Où j'ai pêché cette idée	Fiabilité de ma source
La sexualité est sale.	Graffiti	Pauvre
Il est stupide de s'abstenir.	Amis	Ils n'en savent pas vraiment plus que moi.

♥ TRAVAIL D'ÉQUIPE

Une étude biblique sur le fait de devenir une seule chair. Jésus a cité l'Ancien Testament quand Il a dit :

N'avez-vous pas lu que le créateur, au commencement, fit l'homme et la femme et qu'Il dit : 'C'est pourquoi l'homme quittera son père et sa mère et s'attachera à sa femme, et les deux deviendront une seule chair' ? Ainsi ils ne sont plus deux, mais une seule chair. Que l'homme ne sépare donc pas ce que Dieu a uni. (Matthieu 19.4-6)

Débattez de ces questions :

1. Comment ce passage décrit-il l'union mystérieuse vécue par un homme et une femme ?
2. Comment l'acte sexuel proprement dit illustre-t-il le fait de devenir une seule chair ?
3. Comment ce passage s'oppose-t-il à la philosophie populaire du monde sur la banalité de l'acte sexuel ?
4. A votre avis, pourquoi Dieu a-t-Il fait du rapport sexuel le moyen de créer un enfant ?
5. Quelles autres réflexions vous inspire ce passage puissant des Écritures ?

Pour approfondir une étude biblique sur le sujet de l'immoralité sexuelle, vous trouverez peut-être utile d'étudier les versets ci-dessous. Certains d'entre eux vous sont familiers. (Remarque : certaines versions de la Bible utilisent le mot « fornication » pour traduire le terme grec commun à tous ces passages. Souvenez-vous que ce mot décrit tout rapport sexuel entre deux personnes qui ne sont pas mariées ensemble). Que disent tous ces versets sur l'immoralité sexuelle ?

1 Corinthiens 5.9-11

1 Corinthiens 6.12-20

1 Corinthiens 7.1-3

Galates 5.19-21

Éphésiens 5.3

Colossiens 3.5

1 Thessaloniciens 4.3

Avez-vous l'impression que les peuples de l'Antiquité éprouvaient autant de mal que nous aujourd'hui à maîtriser leurs hormones ?

7

Hommes et femmes sont différents

Les garçons sont parfois si vicieux ! Mon petit ami ne pense qu'au sexe. Je ne suis pas prude, mais je me demande s'il existe quelque part sur cette terre des garçons capables de penser à autre chose ! » Une question semblable m'est adressée à chacune de mes conférences sur la sexualité. Et la réponse à l'interrogation de cette fille est à la fois oui et non. Il va de soi que les garçons pensent à autre chose que le sexe. Mais la plupart des adolescents en bonne santé méditent facilement beaucoup sur le sujet.

Il me semble qu'au-delà des différences évidentes entre les hommes et les femmes, certaines distinctions significatives valent la peine d'être relevées, et la question du paragraphe précédent souligne justement l'une d'entre elles. Peu importe que tu attribues ces différences à la biologie, au conditionnement culturel ou à quoi que ce soit d'autre, le fait de reconnaître quelques-unes de ces distinctions fondamentales peut t'aider à comprendre pourquoi ton petit ami ou ta petite amie agit comme il ou elle le fait.

Beaucoup de spécialistes dans le domaine de la sexualité affirment que l'une des différences critiques entre l'homme et la femme porte sur la relation entre la sexualité et l'amour. Un orateur chrétien renommé a dit : « Je suis convaincu que la sexualité prédomine dans l'esprit d'un homme, tandis que l'amour revêt une importance primordiale dans l'esprit d'une femme. » Quand un couple va voir un film romantique, l'homme pense souvent « sexe » et la femme « amour ». Après la première scène romantique, l'homme est prêt à entamer les préliminaires et à louper le reste du film. La femme, quant à elle, réagit davantage à l'évocation de l'amour et à la beauté de l'idylle. Elle s'intéresse beaucoup plus à l'histoire d'amour alors que son partenaire préférerait rejouer l'action sur le champ !

Comme tu peux le constater, à l'instar de cet orateur, je suis convaincu que le sujet de la sexualité prédomine le plus souvent dans l'esprit des garçons, tandis que l'amour occupe les esprits féminins. Il ne faut pas croire que les filles ne s'intéressent pas à la sexualité ni les garçons à l'amour, mais il y a une différence. Elle provient peut-être de ce qui stimule un garçon ou une fille. Sexuellement, un garçon est généralement prêt à tout moment et en tout lieu, réagissant à la seconde. Une fille, au contraire, est stimulée par des films romantiques, des fleurs ou une légère caresse sur l'épaule. Les garçons sont excités par la vue et les filles par le toucher. Bien sûr, ces règles sont générales !

Il suffit parfois de quelques secondes pour exciter sexuellement un homme. (Je suis sérieux !) Les filles ont besoin de plus de temps. J'ai souvent comparé l'impulsion sexuelle masculine au solo de batterie d'un groupe de rock. L'impulsion masculine est intense. Elle atteint rapidement un point culminant, explose dans l'excitation et puis tend à s'évanouir aussi rapidement qu'elle s'est enflammée. L'impulsion sexuelle féminine ressemble davantage à un concerto de Bach. Elle démarre plus lentement. Elle s'intensifie jusqu'à un point culminant fantastique, se calme lentement et puis s'éteint doucement. Pourquoi ai-je pris la peine de mentionner ces différences ? Pour t'aider à comprendre et peut-être à réfléchir plus attentivement à tes actes en matière de stimulation sexuelle.

Vous les filles, si vous pouviez par exemple comprendre l'effet que vous produisez sur nous les garçons avec ce que vous portez ou ne portez pas ! Souvenez-vous qu'un garçon est stimulé par la vue. Je n'irai pas jusqu'à vous imposer les pulls à col roulé et les jupes maxi à la plage. Cependant, je vous conseille de ne jamais oublier en vous habillant pour un rendez-vous que ce que vous portez peut contribuer à créer une certaine ambiance pour la rencontre.

Je suis convaincu que la plupart du temps, les filles n'ont pas conscience de l'effet qu'elles produisent sur les garçons en s'habillant d'une certaine façon. Je n'oublierai jamais la semaine que seize d'entre nous avons passé sur une péniche. Le premier soir, plusieurs des filles sont entrées dans la cuisine pour saluer les garçons en pleine partie de Monopoly. Les filles portaient un long t-shirt et une culotte de bikini. Point. Pas de soutien-gorge et rien sur les jambes. Après le départ des filles, les garçons sont devenus complètement cinglés. Leur esprit s'était résolument branché sur tout autre chose que les règles du Monopoly !

J'ai décidé de ne pas en faire tout un plat, mais de parler aux filles de ce qui excitait les garçons. Le lendemain, nous avons eu une conversation formidable. Je suis convaincu que ces filles n'avaient tout simplement pas pensé que ce qu'elles portaient allumerait les garçons. Une fille doit continuellement penser à la façon dont les garçons réagissent quand elle se préoccupe de ses vêtements et de son attitude, particulièrement si elle tient à éviter les problèmes.

Les garçons doivent aussi prendre garde à ce qu'ils portent et à ce qu'ils disent et font. Les filles sont attirées par la vue, mais aussi par le toucher et le discours. Les garçons doivent veiller aux propos qu'ils adressent à une fille. L'un de mes amis a dit à sa petite amie qu'il l'aimait dès leur deuxième rendez-vous. Le problème est qu'elle l'a cru ! Elle est tombée follement et passionnément amoureuse de lui. Quand il a constaté quel effet ces trois mots très puissants avaient produit sur elle, il a battu en retraite en tentant de se justifier : « Je ne voulais pas vraiment dire 'aimer' ! »

Je m'efforce de t'expliquer que les hommes et les femmes réagissent différemment dans le domaine de la sexualité. Bien entendu, il existe aussi de nombreuses similitudes dans leurs réactions, mais te renseigner sur les différences fondamentales qui les distinguent est l'une des choses les plus intelligentes que tu puisses faire. Surveille tes actes et évite toute situation susceptible de provoquer de la frustration chez les autres. Si tu te montres sensible à ces différences entre les hommes et les femmes, tu n'as plus à te sentir menacé par elles. Tu pourrais même constater combien ces différences enrichissent tes relations avec les membres du sexe opposé.

♥ SUJETS DE RÉFLEXION

1. Penses-tu, toi aussi, qu'en général les garçons sont davantage motivés par le sexe et les filles par l'amour ?
2. A ton avis, avec quels vêtements ou quels gestes les filles excitent-elles les garçons ?
3. A ton avis, avec quels vêtements ou quels gestes les garçons excitent-ils les filles ?
4. Penses-tu qu'il soit important de comprendre certaines des différences fondamentales entre les hommes et les femmes ? Pourquoi ?

♥ ÉTAPES PRATIQUES

1. Après avoir lu ce chapitre, note les observations que j'ai partagées et puis tes propres réflexions sur les différences entre les hommes et les femmes.

	Façon dont les hommes réagissent	**Façon dont les femmes réagissent**
Les observations de Jim		
Mes observations et mes réflexions		

Note maintenant quelques aspects du sexe opposé susceptibles de susciter en toi des sentiments romantiques ou sexuels à son encontre.

2. D'après les différences entre les hommes et les femmes abordées dans ce chapitre, que pourrais-tu modifier dans tes relations avec les membres du sexe opposé ? Dresse une liste et commence à l'appliquer cette semaine.

♥ TRAVAIL D'ÉQUIPE

Les deux idées suivantes permettent efficacement de mieux cerner les différences entre hommes et femmes. Ces idées peuvent être utilisées distinctement ou ensemble.

1. Formez deux groupes : les garçons et les filles. Dans chaque groupe, débattez des caractéristiques que devrait posséder le petit ami idéal ou la petite amie idéale. Puis, rassemblez-

vous et partagez vos idées. Discutez des différences ou des similitudes constatées entre les deux groupes.

2. Convoquez un célibataire, une célibataire et un couple marié. Demandez aux jeunes de poser à ces personnes toutes leurs questions sur les fréquentations amoureuses ou le mariage. Pour stimuler la discussion, préparez quelques questions à l'avance.

8

Comment savoir si tu es amoureux

Récemment, j'observais un groupe de lycéennes sur la plage en train d'étudier l'anatomie d'un sauveteur (qui a dit que les garçons étaient les seuls à admirer le *paysage* sur la plage ?). Quand le jeune homme s'est dirigé nonchalamment vers le bord de l'eau pour se rafraîchir, les filles sont devenues folles d'excitation ! L'une d'entre elles a émis le soupir le plus bruyant et s'est exclamée : « Je n'ai jamais vu un si beau mâle ! Je crois que je suis amoureuse ! »

D'après moi, sa réaction n'était pas inhabituelle. En fait, elle était plutôt normale. Je me rappelle même avoir prononcé des paroles tout à fait similaires quand j'étais au lycée et à l'université (Pas au sujet d'un beau sauveteur, évidemment !). Arrêtons-nous un instant sur la remarque de la jeune fille. Le sauveteur était peut-être « un beau mâle », mais je doute qu'elle en ait été vraiment « amoureuse ». Elle avait « flashé » sur lui. Elle était attirée par ce jeune homme sur le plan physique. Elle a peut-être même rêvé de marcher avec lui main dans la main, sur la plage, au coucher du soleil. Mais était-elle « amoureuse » ? Pas du tout.

Je me souviens de la première fois où j'ai « flashé » sur une fille. Elle s'appelait Geri. Elle était vraiment fantastique. J'étais absolument convaincu qu'un jour nous remonterions l'allée centrale d'une église ensemble. Je pense que je l'appréciais surtout parce qu'elle jouait mieux au football que moi et qu'elle était également la seule fille à l'école primaire à faire du sport avec nous, les garçons. Je l'ai admirée pendant des années. En fait, une fois en secondaire, je lui ai écrit un petit mot : « Je t'aime ». A partir de ce jour, elle m'a à peine adressé la parole ! Je pense que je l'ai effrayée. Était-ce de l'amour ? Non, c'était une toquade, un amour d'adolescent.

Les toquades font partie de la vie. Elles stimulent bon nombre d'émotions et de sentiments similaires au véritable amour. La grande différence entre l'amour et la toquade est que le premier résiste à l'épreuve du temps.

Dès le moment où j'ai rencontré Cathy (mon épouse), j'ai été attiré par elle. En fait, je m'étais amouraché d'elle. J'ai su cependant que je l'aimais vraiment parce que j'étais encore attiré par elle après deux ans et demi de fréquentations. En outre, j'étais engagé envers elle. Quand je l'ai rencontrée pour la première fois, jamais je n'aurais cru qu'elle puisse posséder les défauts comme tout un chacun. J'imaginais que notre relation et elle étaient parfaites. Au fil du temps, j'ai changé d'avis. Aucun d'entre nous n'était et n'est parfait. Notre relation n'était pas idéale et cela n'a pas toujours été facile. Mais, après une dispute, je me souciais toujours profondément de Cathy, et je savais alors que je dépassais le stade de la toquade. Le véritable amour résiste aux tests du désaccord et du temps.

Il n'existe pas de recette infaillible pour déterminer si tu es vraiment amoureux pour de bon ou non. Si tu es adolescent, je te conseille de te rappeler l'une des statistiques que j'ai déjà mentionnées : il est possible que tu tombes « amoureux » environ cinq fois entre 13 et 19 ans. En tant qu'adolescent, tu connaîtras différents degrés de sentiments amoureux, mais il est peu probable que tu épouses ton petit ami du lycée et que vous viviez heureux ensemble jusqu'à la fin de vos jours. Je ne dis pas que cela n'arrive pas. Je dis que les statistiques penchent en faveur de l'autre alternative.

Comme je l'ai précisé plus haut, il n'existe aucune réponse simple à la question cruciale : « Comment savoir si je suis amoureux ? » Je peux, par contre, te donner quelques principes pratiques pour t'aider à déterminer si oui ou non une personne précise pourrait être « la bonne » !

1. Es-tu prêt à donner 100% de toi-même à ton partenaire ?

Crois-tu que ton partenaire soit prêt à te donner 100% de lui ou d'elle-même ? L'amour véritable est désintéressé. Même quand tu es fatigué ou quand tu as passé une mauvaise journée, l'amour désintéressé te permettra de répondre aux besoins de ton partenaire. Un amour égoïste se fatigue rapidement lorsque ses propres besoins ne sont pas satisfaits.

2. Apprécies-tu l'autre personne ?

Je n'oublierai jamais une scène du film « Shenandoah ». Un jeune homme demandait à un père la main de sa fille. Ce dernier a demandé : « Apprécies-tu ma fille ? » Le jeune homme a répondu : « J'aime votre fille ». Rempli de sagesse, le père a rétorqué : « Je ne t'ai pas demandé si tu aimais ma fille, mais si tu l'appréciais. »

Parfois les gens se marient alors qu'ils n'apprécient même pas la personnalité ou le comportement de leur partenaire. Souvent, ils se disent qu'ils changeront l'autre personne. Ce plan réussit rarement. Demande-toi donc si tu apprécies ton partenaire malgré ses défauts. Et considère également si tu pourrais vivre avec ses défauts. Et, tant que tu y es, demande-toi aussi si tu pourrais supporter ses défauts pendant toute ta vie !

3. Êtes-vous honnêtes l'un envers l'autre ?

La relation qui vous unit vous permet-elle d'être ouverts et honnêtes l'un envers l'autre ? Une communication franche est l'un des outils indispensables d'une relation positive. Je n'ai jamais vu de bonne relation qui ne possède pas cet élément de transparence.

4. Toi et ton partenaire êtes-vous trop dépendants l'un de l'autre ?

Il existe deux types de relation : « J'aime, donc j'ai besoin » et « J'ai besoin, donc j'aime ». La seconde catégorie peut vraiment s'avérer désastreuse à long terme. Beaucoup de relations sont cependant fondées sur le premier principe et elles finissent généralement par s'épuiser. Soit l'un des partenaires n'éprouve plus ce « besoin » et cesse donc « d'aimer », soit l'autre personne se fatigue de cette dépendance totale et finit par s'en aller.

5. Ton amour est-il égoïste ?

Quand une personne s'amourache d'une autre, elle se demande souvent : « Que puis-je en retirer ? » Ce type d'amour pousse à prendre plutôt qu'à donner. L'amour égoïste n'est pas le véritable amour, mais seulement une pâle copie. Notre objectif devrait être ce que les Grecs appelaient l'amour *agape*. Cet amour n'impose aucune condition, il se donne et se sacrifie. C'est l'amour que Dieu éprouve pour toi.

6. Ta relation avec Jésus-Christ est-elle empreinte de maturité ?

Je pense qu'une bonne façon de tester le véritable amour est de demander si les deux personnes impliquées peuvent dire honnêtement : « Je veux être tout ce que Dieu veut que je sois. Je veux placer le Seigneur Jésus-Christ à la première place dans ma vie, mais aussi dans celle de mon partenaire. Notre relation l'un envers l'autre est secondaire par rapport à ma relation avec Christ. » Les couples de mon entourage qui se portent bien sont ceux qui entretiennent une bonne relation avec Dieu individuellement et ensemble. Il n'existe pas d'amour plus fort que celui qui est étroitement lié à l'amour de Dieu.

Je te suggère d'examiner attentivement le type d'amour dont parle Paul dans 1 Corinthiens 13. Les qualités de l'amour qu'il décrit dans ce chapitre consacré au sujet peuvent constituer des critères qui t'aideront à déterminer si tu es réellement amoureux. En lisant le chapitre 13, sois particulièrement attentif aux qualités de l'amour décrites aux versets 4 à 7.

> L'amour est patient, l'amour est serviable, il n'est pas envieux ; l'amour ne se vante pas, il ne s'enfle pas d'orgueil, il ne fait rien de malhonnête, il ne cherche pas son intérêt, il ne s'irrite pas, il ne médite pas le mal, il ne se réjouit pas de l'injustice, mais il se réjouit de la vérité ; il pardonne tout, il croit tout, il espère tout, il supporte tout.

Cette définition de l'amour offerte par Paul peut t'aider à évaluer honnêtement ton amour pour une autre personne.

L'amour est une expérience merveilleuse et unique. Malheureusement, la véritable expérience amoureuse peut être fidèlement imitée par une toquade. Alors que le temps passe, nous confrontant à des orages et nous ouvrant à de nouvelles perspectives de vie, nous sommes plus à même de reconnaître le véritable amour. Dès à présent, je pense qu'il serait important pour toi d'aborder les questions que je présente dans ce chapitre, d'étudier l'idéal de l'amour décrit par Paul et de te confier à Dieu pour qu'Il te montre sa volonté pour la relation que tu vis avec ton partenaire. Et, aussi banal que cela puisse paraître, le temps sera ton allié.

♥ SUJETS DE RÉFLEXION

1. Quelles sont certaines des différences entre une toquade et le véritable amour ?
2. A ton avis, la plupart des adolescents expérimentent-ils l'amour ou des toquades ?
3. Est-il mal de « flasher » sur quelqu'un ? Pourquoi ?
4. Lis 1 corinthiens 13.4-7. Qu'est-ce qui t'impressionne dans les qualités de l'amour qui y sont décrites ?

♥ ÉTAPES PRATIQUES

1. As-tu jamais songé aux caractéristiques que tu apprécies et que tu exècres chez les personnes du sexe opposé ? Essaie sans tarder !

Les caractéristiques que j'apprécie	Les caractéristiques que j'exècre
- sourie * - fais de la musique - fais un peu de sport - aime le Seigneur * - s'habile correctement	- fume - être paresseux - ne suis pas le Seigneur X - ment. X

- aimable, poli. *

Reviens sur tes pas et place une croix à côté des caractéristiques que tu exècres au point d'être relativement sûr de ne pas pouvoir vivre heureux avec une personne qui les posséderait. Place un astérisque (*) à côté des caractéristiques positives que tu considères comme étant les plus importantes chez quelqu'un avec qui tu voudrais partager le reste de ta vie. Tu possèdes désormais une façon relativement objective d'évaluer tes relations.

Si tu fréquentes en ce moment une personne qui ne possède aucune des qualités que tu aimes vraiment et plusieurs des caractéristiques que tu détestes particulièrement, il serait peut-être utile de te demander pourquoi tu sors avec elle. Et si tu fréquentes quelqu'un qui possède bon nombre des qualités que tu apprécies et seulement quelques-uns des défauts que tu exècres, félicitations ! Tu as fait un bon choix !

2. Considère les deux types de relation que j'ai mentionnés dans ce chapitre : ***J'aime, donc j'ai besoin*** et ***J'ai besoin, donc j'aime.***

   Sous les intitulés ci-dessous, définis avec tes propres termes en quoi consiste chacune de ces relations. Note également quelques points pour et contre chacune de ces relations. Puis, insère les initiales de certaines personnes de ton entourage dont la relation entre dans ces catégories.

	« J'aime, donc j'ai besoin. »	« J'ai besoin, donc j'aime. »
Définition		
Pour		

	« J'aime, donc j'ai besoin. »	« J'ai besoin, donc j'aime. »
Contre		
Initiales		

♥ TRAVAIL D'ÉQUIPE

La Parole de Dieu offre une description merveilleuse de l'amour en 1 Corinthiens 13.4-7. Ouvrez votre Bible et lisez ce passage. Dans le tableau ci-dessous et individuellement, écrivez une phrase par ligne. Puis, notez les actes de Jésus, ou d'autres personnages bibliques ou personnes de votre connaissance, qui illustrent ces qualités de l'amour. Débattez ces qualités en groupe. Les deux premières caractéristiques ont été indiquées à titre d'exemples.

Description	Illustration
L'amour est patient.	Jésus continuait à enseigner ses disciples même lorsqu'ils se montraient lents à croire en sa résurrection (cf. Luc 24.13-27).
L'amour est serviable.	Mon amie m'a aidé à comprendre mon devoir alors qu'elle avait elle-même beaucoup de travail à terminer.

Description	Illustration

Terminez en demandant à Dieu de vous enseigner à aimer votre petit ami ou votre petite amie, votre famille et vos amis de l'amour décrit par Paul.

9

L'amour inconditionnel

Il était une fois une petite fille appelée Suzy. Elle était très jolie et possédait la plus merveilleuse des collections de poupées. Son père voyageait partout dans le monde pour ses affaires et, depuis presque 12 ans, il rapportait fidèlement des poupées à Suzy. Dans sa chambre étaient alignées des étagères chargées de poupées provenant de tous les continents. Certaines chantaient, d'autres dansaient ou faisaient presque tout ce qu'une poupée peut faire.

Un jour, l'une des connaissances professionnelles de son papa vint en visite. Pendant le repas, il questionna Suzy sur sa magnifique collection. Plus tard, Suzy le prit par la main et lui montra ses merveilleuses poupées provenant du monde entier. Il était très impressionné. Après avoir eu droit à cette visite guidée et avoir été présenté à plusieurs de ces poupées, il demanda à Suzy : « Parmi toutes ces précieuses poupées, il doit y en avoir une que tu préfères. Laquelle est-ce ? »

Sans hésiter, Suzy se dirigea vers son vieux coffre et commença à en extraire toutes sortes de jouets et de jeux. Du fond de la boîte, elle extirpa l'une des poupées les plus usées qu'il est possible d'imaginer. Seuls quelques brins de laine ornaient encore sa tête. Ses vêtements avaient disparu depuis longtemps. La poupée avait été salie par plusieurs séances de jeu à l'extérieur. L'un des boutons supposés représenter ses yeux ne tenait plus que par un fil. Son rembourrage s'échappait par les coudes et les genoux. Suzy tendit la vieille poupée au monsieur et lui dit : « C'est celle-ci ma préférée. »

Très surpris, l'homme demanda : « Pourquoi celle-ci, alors que tu en possèdes de nombreuses autres vraiment magnifiques ? »

Et Suzy répondit : « Si je ne l'aimais pas, personne d'autre ne l'aimerait ! »

Cette réponse émut l'homme d'affaires aux larmes. Elle était simple et pourtant très profonde. La petite fille aimait sa poupée d'un amour inconditionnel. Elle l'aimait non pas pour sa beauté ou ses capacités, mais simplement parce qu'elle était sa poupée.

De la même façon, Dieu t'aime d'un amour inconditionnel, non pas pour ce que tu fais, mais pour qui tu es. Tu es son enfant. Des millions de gens dans le monde passent à côté du simple fait d'être aimés de manière inconditionnelle par Dieu. Dieu t'accepte. Il croit en toi et Il veut le meilleur pour toi.

Il nous arrive d'avoir le sentiment de ne pas mériter l'amour de Dieu. Parfois, nous ne pouvons comprendre comment Dieu peut se montrer aussi patient envers nous alors que nous accumulons les erreurs. Eh bien, écoute ceci : Les voies de Dieu sont différentes des tiennes. Il ne t'aime pas à condition que tu accomplisses certaines choses ou adoptes un certain style de vie. Il t'aime… point ! Une fois qu'ils comprennent la profondeur de l'amour de Dieu, les gens sont libres d'être enfin tout ce qu'Il attend d'eux. Il est très intéressant d'observer que ceux qui comprennent cet amour inconditionnel éprouvent moins de difficultés à rester à l'écart du péché susceptible de ruiner leur relation avec Dieu.

Une illustration parfaite de l'amour inconditionnel de Dieu se trouve dans l'histoire du fils prodigue, que Jésus raconte en Luc 15.11-32. La parabole commence par la demande du fils cadet à son père de lui donner sa part d'héritage. Recevant ainsi la moitié des biens familiaux, le jeune homme se rend dans un pays éloigné et s'applique à dilapider tout l'argent. Ne tardant pas à se retrouver sans le sou, dans un pays ravagé par la famine, il décide de retourner chez son père. Ce dernier l'aperçoit de loin et court pour l'accueillir à bras ouverts. Les premières paroles du fils sont : « Père, j'ai péché contre le ciel et envers toi, je ne suis plus digne d'être appelé ton fils. » (v.21). Pourtant, la joyeuse réaction du père face au retour de son fils consiste à organiser une grande fête parce que, pour reprendre ses termes emplis d'amour : « mon fils que voici était mort, et il est revenu à la vie ; il était perdu, et il est retrouvé. » (v.24).

Le fils a de toute évidence péché contre son père. Il a gaspillé son argent en « menant la grande vie ». Pourtant, vois ce qui lui arrive quand il demande à son père de l'employer comme ouvrier ! Le père sait que son fils a péché, mais il l'accueille à bras ouverts. Il fête joyeusement le retour de son enfant capricieux.

La raison pour laquelle cette histoire est à ce point appropriée dans un ouvrage sur la sexualité est qu'il est arrivé à beaucoup d'entre nous d'éprouver des difficultés à maîtriser nos hormones. Nous nous sommes éloignés des normes bibliques sur la sexualité. Parfois, nous avons même tourné le dos à Dieu et suivi notre propre voie. Mais la bonne nouvelle est que, peu importe nos actes et nos écarts, Dieu nous attend les bras ouverts. Il aime tous ses enfants et rien au monde ne Le rend plus heureux que la prise de conscience et le retour de l'un d'entre eux. Sois assuré que lorsque nous allons vers Lui, Il nous reçoit avec un amour d'une profondeur qui dépasse toute compréhension humaine.

Avant de quitter ce sujet, revoyons quelques faits sur l'amour inconditionnel de Dieu.

L'amour inconditionnel de Dieu

Dieu t'aime non pas pour ce que tu fais mais pour ce que tu es

Ce principe est parfois difficile à comprendre, mais il est vrai que tu es profondément aimé de Dieu. Il t'a créé et Il aime sa création. Même si tu Lui as tourné le dos, Il est là, comme le père du fils prodigue, les bras ouverts et prêt à t'accueillir chaleureusement. Souviens-toi aussi que la foi chrétienne ne repose pas sur des règles et des lois ; la foi chrétienne est basée sur une relation entre Dieu et toi. Et n'oublie pas que Dieu ne perd jamais ce désir de vivre une relation avec toi, peu importe ce que tu fais. Quand un individu comprend que l'amour de Dieu ne dépend pas de ses actes, sa vie peut être radicalement différents.

Les voies de Dieu sont différentes des nôtres

L'une des raisons pour lesquelles nous éprouvons tant de mal à accepter l'amour de Dieu est qu'il est souvent contraire à ce que nous connaissons sur le plan humain. Dans la vie, nous devons souvent gagner l'acceptation d'autrui en affichant un certain look, en obtenant de bonnes notes ou en nous conformant à certaines normes, imaginaires ou réelles. Mais l'amour de Dieu est là peu importe ce que nous faisons ou non. Dieu aime le soûlard vautré dans les bas-fonds de Paris autant qu'Il t'aime toi et Il n'aime pas plus Billy Graham ou Mère Teresa que toi. Dieu chérit chacune de ses créatures.

Dieu t'aime d'un amour qui se sacrifie

L'amour profond et pénétrant de Dieu pour toi Lui a coûté la vie de son fils unique. Le sacrifice ultime de Jésus sur la croix pour que tu connaisses la vie abondante sur terre, et la vie éternelle après, est la plus grande manifestation d'amour que le monde ait jamais connu. L'apôtre Paul la décrit de cette façon : « Mais en ceci, Dieu prouve son amour envers nous : lorsque nous étions encore pécheurs, Christ est mort pour nous. » (Romains 5.8).

L'amour de Dieu est gratuit

Il te suffit d'accepter le don d'amour de Dieu. L'une des décisions les plus difficiles à prendre dans la vie consiste à accepter l'amour que nous savons ne pas mériter. Cependant, quand nous y parvenons, nous ne pouvons nous empêcher d'être transformés par l'amour inconditionnel et submergeant de Dieu pour nous. En prenant peu à peu conscience que nous sommes aimés malgré nos erreurs, ce profond amour nous rapproche sans cesse davantage de Dieu.

♥ SUJETS DE RÉFLEXION

1. Comment as-tu réagi à l'histoire de Suzy et de sa collection de poupées ?
2. A ton avis, pourquoi les gens éprouvent-ils tant de mal à accepter l'amour inconditionnel de Dieu ?
3. Peux-tu t'identifier à l'histoire du fils prodigue mentionnée dans ce chapitre ? Si oui, comment ?
4. Penses-tu qu'il était important d'inclure un chapitre sur l'amour inconditionnel dans cet ouvrage ? Pourquoi ?

♥ ÉTAPES PRATIQUES

1. Dieu t'aime non pas pour ce que tu fais, mais bien pour ce

que tu es. N'est-ce pas étonnant ? Beaucoup d'entre nous sont conditionnés à recevoir de l'amour s'ils sont « gentils » : « Maman ne t'aimera plus si tu n'arrêtes pas de frapper ta sœur » ou « Dieu ne t'aime pas quand tu pèches. » Avec un tel système de pensée, tu changes d'attitude pour recevoir de l'amour. Mais Dieu inverse ce principe : Il t'aime et c'est en recevant cet amour que tu deviens capable de modifier ton comportement.

Consulte les références bibliques suivantes et remplis les colonnes du tableau. Certaines cases peuvent rester vides.

	Parce que Dieu...	**Il...**	**Répondons en...**
Jean 3.16	a aimé le monde	a donné son Fils	croyant en Lui
Jean 3.17,18			
1 Jean 3.16			
1 Jean 4.7-12			
1 Jean 4.19-21			

2. Le don de l'amour inconditionnel de Dieu est gratuit. Remarque le mot « don » dans le verset suivant : « Le don gratuit de Dieu, c'est la vie éternelle en Christ-Jésus notre Seigneur. » (Romains 6.23). Nous ne le gagnons pas, nous ne le méritons pas et nous ne l'achetons pas. Nous ne pouvons que le recevoir.

   Si tu n'es pas encore entré en relation avec Dieu en acceptant son don d'amour, réfléchis-y sérieusement dès à présent. C'est la décision la plus importante que tu prendras jamais. Et la démarche est simple. Il te suffit de Le reconnaître par des paroles telles que celles-ci : « Cher Dieu, merci de m'aimer. Merci de m'aimer à tel point que Tu as envoyé ton Fils pour mourir pour moi et me sauver ainsi de la punition éternelle que méritaient mes péchés. Merci de m'offrir à la place le don de la vie éternelle. »

Si tu as accepté ce don de la vie éternelle, réjouis-toi ! Et pense à une façon de remercier Dieu pour ce cadeau et de le partager à ceux qui ne l'ont pas encore reçu.

♥ TRAVAIL D'ÉQUIPE

Les voies de Dieu sont différentes des nôtres. Esaïe l'affirme. Consultez donc Esaïe 55.8-9 et reformulez ces versets avec vos propres mots. Ou, si l'expression graphique vous convient mieux que l'expression écrite, dessinez quelque chose qui illustre ces versets.

Puis, songez à des exemples précis qui montrent dans quelle mesure les voies de Dieu sont différentes des voies humaines. Indiquez quelques-unes de ces différences dans le tableau suivant. J'ai commencé la liste pour vous. Partagez-la ensuite en famille ou en groupe.

Les voies de Dieu	Les voies humaines
Dieu veut que nous réservions les relations sexuelles au mariage.	Aujourd'hui, les gens n'attendent pas. Beaucoup entretiennent également des relations extraconjugales.
Dieu nous appelle à aimer nos ennemis.	

Les voies de Dieu	Les voies humaines
Jésus nous donne le commandement d'aimer notre prochain comme nous-mêmes.	
Nous devons vivre en serviteurs.	

Voici une autre histoire biblique pour vous aider à comprendre un peu mieux l'amour inconditionnel de Dieu :

A propos de l'amour inconditionnel de Dieu, j'ai coutume de me référer à l'histoire racontée par Jésus du fils qui a quitté son foyer. Revoyez ce récit en considérant à nouveau cette section du chapitre ou en lisant Luc 15.11-24, puis suivez les instructions ci-dessous.

Notez tout ce que le fils cadet et le père ont fait.

Fils cadet	Père

Utilisez un point d'exclamation (!) pour cocher les actes du père qui montrent son amour inconditionnel pour son fils.

Jésus a raconté cette histoire et deux autres pour illustrer la réponse de Dieu envers les pécheurs qui se repentent. Lisez les deux autres récits en Luc 15.1-10. Que disent ces trois histoires sur Dieu le Père et sa réponse envers les êtres humains pécheurs ?

10

L'influence des amis

Personne n'est exempt de la pression exercée sur lui par ses amis. L'exigence de se conformer à un groupe particulier ou à une société en général pèse sur des personnes de tous les âges. Cette pression se manifeste sous diverses formes et sous diverses intensités. Elle est parfois subtile, parfois flagrante. Aucun être vivant ne peut prétendre n'avoir jamais été confronté à la pression de ses camarades.

Cette forme de contrainte peut souvent représenter un dilemme spirituel entraînant un conflit entre l'esprit et la chair (la nature pécheresse qui existe en chacun de nous). Si tu penses un instant être le seul à mener cette bataille, tu te trompes. Même l'apôtre Paul a profondément souffert de cette lutte intérieure. Écoute-le décrire son combat :

> Car ce que j'accomplis, je ne le comprends pas. Ce que je veux, je ne le pratique pas, mais ce que je hais, voilà ce que je fais. (...) Car je le sais : ce qui est bon n'habite pas en

> moi, c'est-à-dire dans ma chair. Car je suis à même de vouloir, mais non pas d'accomplir le bien. Je ne fais pas le bien que je veux, mais je pratique le mal que je ne veux pas. Si je fais ce que je ne veux pas, ce n'est plus moi qui l'accomplis, mais le péché qui habite en moi. (Romains 7.15,18-20)

Je pense que Paul nous ressemblait beaucoup. Il commettait des erreurs et il manquait souvent la cible, mais en aucun cas il n'était une personne mauvaise. Son plus profond désir était de faire le bien. Il ne voulait pas se résigner à la médiocrité, mais il échouait parfois. Ses réflexions sur ses échecs sont brillantes. Il a su discerner la véritable nature du problème : une bataille spirituelle. Il voulait vraiment accomplir le bien, et pourtant il ne cessait de manquer son but. A l'issue de son petit discours, il répond à sa propre question : « Qui me délivrera de ce corps de mort ? Grâces soient rendues à Dieu par Jésus-Christ, notre Seigneur ! » (versets 24 et 25). Pour Paul, la solution pour échapper à la pression des normes du monde se trouvait en Jésus-Christ. Paul n'a pas spiritualisé la question, en prétendant à ses lecteurs que ses problèmes étaient terminés à jamais. Il savait simplement qui pouvait l'aider dans la bataille.

Tu peux être certain que des tentations surviendront mais, tout comme Paul, tu peux aussi avoir l'assurance que Dieu t'aidera à les surmonter si tu cherches son aide. Paul a écrit à un groupe de croyants habitant dans la ville de Corinthe et il leur a dit :

> Aucune tentation ne vous est survenue qui n'ait été humaine ; Dieu est fidèle et ne permettra pas que vous soyez tentés au-delà de vos forces ; mais avec la tentation, Il donnera aussi le moyen d'en sortir, pour que vous puissiez la supporter. (1 Corinthiens 10.13)

En Christ, tu peux trouver la force d'affronter la pression de ton entourage. Voici quelques suggestions susceptibles de faciliter quelque peu la bataille.

Suggestions pour faciliter la bataille

Ne laisse pas la pression de tes amis te prendre par surprise

Fais marcher tes méninges ! Prends conscience de cette pression exercée sur toi pour te faire adopter une norme que tu sais être de second choix ! Affronte la pression et songe attentivement à l'issue probable de tes actes. Pose-toi des questions telles que : « Suis-je sur le point d'opter pour une mauvaise solution ? » « Mes actes réjouiront-ils Dieu ? » « Suis-je poussé à faire quelque chose qui ne m'apparaît pas correct ? » Il suffit parfois de réfléchir logiquement et d'examiner toutes les options pour surmonter plus facilement une tentation.

Souviens-toi que toutes les personnes avec lesquelles tu passes du temps exercent une influence sur toi

Observer des groupes ou des clans d'individus en interaction m'a toujours fasciné. Si un des membres du groupe apprécie un certain type de musique, les autres l'aimeront généralement aussi. Si une personne porte un certain style de vêtements, les autres adopteront probablement la même mode. Nos amis jouent un rôle important dans la détermination de notre identité, des principes que nous défendons et de nos objectifs dans la vie. Voilà pourquoi il est important de les choisir sagement.

La Parole de Dieu a tant à dire sur les amis et les compagnons. Proverbes 22.24-25, par exemple, nous offre cette leçon : « Ne fréquente pas quelqu'un de coléreux, ne va pas avec un homme furieux, de peur que tu ne t'habitues à ses sentiers, et que tu n'y trouves un piège pour ta vie. » Il est très facile d'adopter les mauvaises habitudes de ses amis. D'un autre côté, les bons amis peuvent nous influencer positivement dans la vie : « Le fer aiguise le fer, ainsi un homme aiguise la personnalité de son prochain. » (Proverbes 27.17).

Il te serait peut-être utile de dresser l'inventaire de tes amis. Demande-toi :

- Mes amis exercent-ils une influence positive ou négative sur ma vie ?
- Mes amis m'aident-ils à être ce que Dieu attend de moi ou me placent-ils en conflit avec mes convictions ?
- Quel genre d'influence mes amis ont-ils dans ma vie ?

Si tes réponses indiquent que tes amis exercent une influence négative, il est temps pour toi de prendre des décisions capitales concernant tes amitiés. Souviens-toi : « Celui qui marche avec les sages devient sage, mais celui qui fréquente les insensés s'en trouve mal. » (Proverbes 13.20).

Choisis tes amis avec sagesse

J'avais un ami appelé Thomas. Nous avions coutume de parler pendant des heures. Nous éprouvions le désir très fort de faire le bien. Il voulait devenir joueur de base-ball professionnel, obtenir de bonnes notes et remporter beaucoup de « succès auprès des filles ». Thomas souhaitait aussi ardemment grandir dans la foi chrétienne. Il parlait des heures en fantasmant sur le base-ball et ses autres rêves, mais il ne semblait pourtant jamais atteindre aucun de ses buts. Il échouait encore et encore.

Finalement, après des mois de lutte, Thomas m'a permis de mieux comprendre ses problèmes quand il m'a parlé de ses « amis superficiels » et de la façon dont ils parvenaient toujours à le convaincre. Je lui ai dit : « Tu sais, c'est ton choix d'être à ce point influencé par ces amis. Pourquoi ne passes-tu pas un peu moins de temps avec eux et un peu plus de temps avec Daniel et Nathan ? » Thomas m'avait confié auparavant que Daniel et Nathan avaient une très bonne influence sur lui.

Thomas a suivi mon conseil. Il passait encore du temps avec ses « mauvais » amis, mais il s'est mis à fréquenter de plus en plus Daniel et Nathan. Je te laisse deviner ce qui est arrivé. Chaque domaine de sa vie a commencé à s'améliorer. Grâce à l'influence de Daniel et Nathan, Thomas a trouvé la force de mettre de l'ordre dans sa vie. Il ne pouvait surmonter seul l'influence négative de ses camarades, mais il a choisi de se placer sous l'influence d'amis positifs. Et c'est ce qui a fait toute la différence pour lui.

N'oublie jamais que tu es unique et spécial aux yeux de Dieu

N'oublie jamais que Dieu t'aime pour qui tu es et non pour ce que tu fais. Tu es une personne spéciale aux yeux de Dieu. Grâce à son amour inconditionnel, tu es libre d'être tel qu'Il l'a prévu en te créant ! Considère également que Jésus a dit : « Vous connaîtrez la vérité et la vérité vous rendra libres. » (Jean 8.32). Celui qui comprend vraiment qu'il est aimé de Dieu sera moins influençable. Il comprendra au contraire ce que signifie le fait d'être accepté par Celui dont l'acceptation est vraiment importante : Dieu Lui-même.

Cherche d'abord le royaume de Dieu

Dans le tourbillon de ses activités et de ses responsabilités quotidiennes, il est facile de se laisser égarer. Jésus nous a donné un conseil avisé quand Il a dit : « Cherchez premièrement son royaume et sa justice, et tout cela vous sera donné par-dessus. » (Matthieu 6.33). Si nous plaçons Dieu à la première place, Il pourvoira aux besoins de la vie. Malheureusement, nous nous soucions souvent davantage de ce que les gens pensent que de ce que Dieu veut pour nous.

L'un des facteurs importants permettant de surmonter la pression négative de ses amis consiste à posséder la force intérieure provenant d'une image saine de soi. En plaçant Dieu en premier dans ta vie, tu peux développer et fortifier cette estime personnelle. Après tout, tu as été créé à son image ! Et même si tu es marqué par le péché, tu as tant de valeur à ses yeux qu'Il a envoyé son Fils sur la croix pour toi. En améliorant ton estime personnelle, tu gagneras en force intérieure et tu seras alors mieux capable de dire non à la pression de tes amis.

Ce n'est pas un hasard si les personnes de ma connaissance qui ont surmonté la pression de leur entourage sont celles qui se soucient plus de chercher Dieu que de satisfaire leurs amis. Elles cherchent d'abord son royaume. Et, ce faisant, elles semblent aussi entretenir de meilleures relations avec leurs amis.

Dur dur de dire non

Un autre sujet lié à la pression exercée par des camarades, la sexualité et au flirt, est la difficulté à dire non. Beaucoup de jeunes ont été poussés à expérimenter un rapport sexuel alors qu'ils ne le voulaient pas vraiment, simplement parce qu'ils ignoraient comment dire non. J'ai parlé avec un certain nombre de personnes qui ont vraiment regretté de ne pas avoir dit « non merci » avant qu'il ne soit trop tard.

Dans son ouvrage sur la sexualité des adolescents, Aaron Haas a publié les résultats de son enquête sur le comportement sexuel des adolescents. Ses découvertes sur la question du « non » sont édifiantes. Par exemple, il a demandé aux adolescents : « T'est-il arrivé au cours d'un flirt d'avoir des contacts sexuels avec ton partenaire alors que tu n'en avais vraiment pas envie ? ». 43 % des garçons entre 15 et 16 ans et plus de 65 % des filles du même âge ont répondu oui. Presque la moitié des garçons et plus de la moitié des filles entre 15 et 16 ans avaient donc éprouvé des difficultés à dire « non merci ».

Quelles raisons ces jeunes ont-ils avancé pour avoir agi à l'encontre de leurs véritables sentiments ? Voici quelques-unes des réponses et des circonstances exposées au docteur Haas :

« Je ne voulais pas le/la blesser. »

« Je ne voulais pas qu'il/elle pense que j'étais prude ! »

« Je me suis vraiment senti(e) obligé(e). »

« Je n'ai pas pu dire 'non !' »

« J'avais peur qu'il/elle ne m'aime plus si je disais 'non !' »

« Je ne sais pas pourquoi, mais je me suis senti(e) obligé(e). »

« J'étais drogué(e)/ivre. »

« Cela signifiait beaucoup pour lui et pas beaucoup pour moi. »

« Je ne voulais pas avoir l'air de l'allumer. »

« J'avais peur qu'elle pense que je ne l'aimais pas. »

« Je voulais prouver que j'étais un homme. »

« Je l'ai fait pour l'expérience. »

« Il n'y avait rien d'autre à faire. »

Ces explications démontrent qu'il est parfois possible de manquer d'assurance. On peut craindre de dire non. On ne veut pas blesser les sentiments d'autrui. Je pense, cependant, que tout petit ami ou toute petite amie qui vaut la peine d'être conservé(e) respectera fortement ta capacité à dire « non merci ». Si l'autre personne ne s'intéresse qu'à ton corps, elle n'est pas digne de rester ton ou ta partenaire. Il est très difficile de dire non, mais cela en vaut toujours la peine.

Avant de conclure ce chapitre, j'aimerais énumérer quelques-uns des arguments utilisés par les garçons et les filles contre les membres du sexe opposé. Mis par écrit, ils ont l'air insignifiants, mais dans le feu de la passion, ils apparaissent souvent logiques. Quand les émotions sexuelles s'emballent, même la plus honnête des personnes peut chercher désespérément à manipuler l'autre. Bien qu'il existe probablement un argument pour chaque jour de l'année, je ne mentionnerai que ceux qui semblent être les plus courants.

« Il n'y a aucun mal si nous sommes d'accord tous les deux pour le faire. »

Généralement, dans une relation, l'un des partenaires est plus désireux de devenir sexuellement actif. S'il peut obtenir l'accord verbal de l'autre, l'acte a l'air d'être correct.

« Tu es la seule personne que j'aimerai jamais, alors n'attendons pas d'être mariés. »

Cet argument est puissant, mais généralement faux. Ma majorité des gens connaîtra au moins cinq grands amours pendant son adolescence et le début de la vingtaine. Comme cette déclaration d'amour est le plus souvent fausse, il est ridicule d'y avoir recours, particulièrement si l'on prétend aimer son interlocuteur.

« Si tu m'aimes vraiment... »

Cet argument est celui du « tu dois prouver ton amour pour moi » ; « Si tu m'aimes vraiment, prouve-le. » Il est utilisé le plus efficacement par des machos plus âgés qui fréquentent des filles plus jeunes. Toute personne ayant une mauvaise estime d'elle-même tombe facilement dans ce piège.

« Essayons pour voir de quoi il s'agit. Si ça ne nous plaît pas, nous ne recommencerons plus. »

Certains se laissent vraiment convaincre par cet argument ! L'agresseur sait que si son partenaire donne son accord une fois, il le donnera probablement à nouveau ensuite. N'oublie jamais qu'il est encore plus difficile de dire non la seconde fois.

« Tout le monde le fait. Tu es vieux jeu ou quoi ? »

Avant tout « C'est faux ! Tout le monde ne le fait pas ! » Dans tous les lycées et dans toutes les facultés universitaires, des gens ont choisi de ne pas être sexuellement actifs, et il s'agit souvent des véritables meneurs. Tu n'es pas vieux jeu si tu choisis de ne pas t'engager dans la promiscuité sexuelle. Tu es vieux jeu si tu succombes à la pression à cause d'un argument aussi peu convaincant que celui-là !

« Si cela doit arriver, cela arrivera ! »

Ces mots sont généralement prononcés par la personne qui lance toujours le sujet de la sexualité. Méfie-toi de ceux qui soulèvent toujours des questions philosophiques sur le sexe, et te posent des questions personnelles sur ta vie sexuelle insistant au point de rendre toute résistance difficile. Cet argument est pernicieux, mais il marche. Il te suffit de demander à des milliers de filles et de garçons déçus qui sont tombés à cause de lui.

La pression exercée par nos amis est une réalité, un fait de la vie auquel nous sommes confrontés à tout âge, mais elle semble plus difficile à gérer à certains moments de notre vie. Je sais que la pression de l'entourage, associée à une mauvaise estime personnelle et à un profond amour pour l'autre personne, peut nous amener à faire des choses que nous regretterons plus tard. Nous pouvons surmonter cette pression plus aisément en choisissant des amis qui nous soutiendront. Il est aussi utile de passer du temps à considérer l'amour de Dieu pour nous. Fie-toi à cet amour et appuie-toi sur les promesses de Dieu : Il est avec toi face à la tentation et à la pression de ton entourage.

♥ SUJETS DE RÉFLEXION

1. Pourquoi est-il si difficile de résister à la pression des autres ?
2. A ton avis, pourquoi tant de personnes éprouvent-elles des difficultés à dire non à la sexualité, même quand elles n'en ont pas envie ?
3. Crois-tu ou non que les personnes avec lesquelles tu passes du temps exercent une profonde influence sur toi ? Pourquoi ?
4. Qu'est-ce qui te rend unique aux yeux de Dieu ?

♥ ÉTAPES PRATIQUES

1. Choisis tes amis avec sagesse. Souviens-toi : cela ne signifie pas forcément que tu doives laisser tomber complètement quelqu'un qui exerce une mauvaise influence sur toi. Cette personne a peut-être aussi besoin de la bonne influence du

Christ que tu peux lui offrir. Mais tu pourrais peut-être mieux équilibrer le temps que tu passes entre cette personne et celles qui ont une influence positive sur toi.

Note les initiales des personnes avec lesquelles tu passes du temps. Puis utilise un « + » ou un « - » pour indiquer si elles exercent une bonne ou une mauvaise influence sur toi en général. Estime ensuite approximativement quel pourcentage de ton temps tu passes avec chaque personne et note ces chiffres dans la troisième colonne.

Les personnes	L'influence	Le temps

En regardant ce tableau, quels changements penses-tu devoir opérer dans les pourcentages notés ?

2. Tous ceux avec lesquels tu passes du temps exercent une influence sur toi. Les Écritures ont beaucoup à dire sur la façon dont les amis peuvent nous influencer en bien ou en mal. Lis les passages indiqués ci-dessous et résume ce que chacun dit de l'influence négative ou positive des amis.

	L'influence positive d'un ami	L'influence négative d'un ami
Proverbes 13.20		

	L'influence positive d'un ami	L'influence négative d'un ami
Proverbes 17.17		
Proverbes 18.24		
Proverbes 22.24-25		
Proverbes 27.17		

Songe sérieusement aux personnes avec lesquelles tu passes le plus de temps.

La façon dont mes amis m'influencent	La façon dont j'influence mes amis

Considère le tableau tel que tu l'as complété. Certains changements s'imposent-ils quand au temps que tu passes avec certaines personnes ou quant à la façon dont tu réagis à leur pression ? Sois précis, ne réponds pas simplement par oui ou par non !

♥ TRAVAIL D'ÉQUIPE

Il est difficile de dire non.

Il est parfois utile de réfléchir à une réponse avant d'en avoir besoin. Voici quelques-uns des arguments les plus populaires utilisés par les personnes des deux sexes pour pousser l'autre à avoir des contacts sexuels. Réfléchissez à chaque argument et préparez une réponse. Vos réponses peuvent être logiques, pleines d'esprit ou outrageantes, à votre guise. Partagez-les ensuite avec l'ensemble du groupe.

- « Il n'y a aucun mal si nous sommes d'accord tous les deux pour le faire. »
- « Tu es la seule personne que j'aimerai jamais, alors n'attendons pas d'être mariés. »
- « Si tu m'aimes vraiment… »
- « Essayons pour voir de quoi il s'agit. Si ça nous plaît pas, nous ne recommencerons plus. »
- « Tout le monde le fait. Tu es vieux jeu ou quoi ? »
- « Si cela doit arriver, cela arrivera ! »

Après avoir réfléchi à ces arguments, vous serez probablement mieux préparés à les affronter s'ils se présentent un jour sur votre chemin !

11

Le respect absolu

Eric et Marie sortaient ensemble depuis sept mois. Un jour, alors que j'avais pris la parole lors d'une conférence destinée aux lycéens, et intitulée « Maîtriser ses hormones », je les ai pris comme illustration. Je ne les connaissais pas avant cette rencontre et je ne me doutais pas de l'impact permanent que mon exemple produirait sur leur relation. Je voulais illustrer qu'en tant que chrétiens, nous sommes appelés à manifester un « respect absolu » envers notre petit ami ou notre petite amie. Je voulais que mon public comprenne que notre identité de chrétiens implique que nous nous traitions mutuellement comme si Jésus vivait en chaque croyant. Pourquoi ? Parce que c'est la réalité (cf. 1 Corinthiens 6.19).

J'ai parcouru l'assemblée des yeux à la recherche d'un couple se tenant par la main et j'ai choisi au hasard Éric et Marie. Je leur ai demandé : « Sortez-vous ensemble tous les deux ? ». Ils ont acquiescé. Je leur ai ensuite demandé leur prénom. Puis j'ai ajouté : « Éric, tu ne sors pas seulement avec Marie, qui est très jolie, qui possède une personnalité fantastique et qui est chrétienne, mais tu fréquentes le Jésus qui vit en elle. Traite-la avec respect absolu. Elle est une enfant de Dieu. Et toi, Marie (elle a rougi), tu ne sors pas seulement avec Éric, un garçon dynamique, vraiment craquant et chrétien, mais bibliquement, tu sors avec le Jésus qui vit en Éric. Éric est un enfant très spécial de Dieu. Tu dois le respecter comme si Jésus était présent dans sa vie. »

Ces deux magnifiques jeunes gens se sont contentés de sourire et j'ai poursuivi mon exposé. Cependant, six mois plus tard, Éric m'a appelé pour me remercier. Il m'a avoué que Marie et lui étaient sur le point d'aller jusqu'au bout et n'avaient encore jamais songé à se traiter l'un l'autre avec un respect absolu. Le jour de la conférence, ils ont décidé de se traiter comme Dieu le souhaitait et de ne pas avoir de rapport sexuel. L'apôtre Paul nous conseille : « Par honneur, usez de prévenances réciproques. » (Romains 12.10). L'approche chrétienne des relations avec le sexe opposé doit être radicalement différente de ce que nous observons dans les médias. Nous devons nous traiter mutuellement comme des enfants de Dieu. Jésus-Christ vit en chaque croyant par la puissance du Saint-Esprit.

N'oublie jamais ce principe important : la différence absolue entre l'amour et le sexe est qu'en aimant quelqu'un, on souhaite le meilleur pour lui. Respecter les autres signifie placer leurs besoins au-delà de nos propres désirs. Éric n'a pas eu de rapport sexuel avec Marie parce qu'il savait que cela n'était pas préférable à long terme pour elle. Il a eu l'intelligence de comprendre que *malgré leur amour, la probabilité qu'ils ne se marient pas était élevée*. Le respect absolu implique de rechercher l'intérêt de l'autre avant le nôtre. Voici comment Paul a décrit l'attitude de Jésus à cet égard :

> Ne faites rien par rivalité ou par vaine gloire, mais dans l'humilité, estimez les autres supérieurs à vous-mêmes. Que chacun de vous, au lieu de considérer ses propres intérêts, considère aussi ceux des autres. Ayez en vous la pensée qui était en Christ-Jésus. (Philippiens 2.3-5)

Il est clair que l'approche chrétienne des fréquentations amoureuses est radicalement différente des autres approches.

Certains des lecteurs de ce livre pensent peut-être comme l'un de mes amis, âgé de 18 ans et sexuellement actif, qui s'est exclamé : « Dieu est vraiment le rabat-joie par excellence en matière de sexualité. » Je ne le pense pas. Bien que la Bible ne soit pas du tout un mode d'emploi sur la question, je crois que ses paroles et ses valeurs visent avant tout à assurer notre propre intérêt.

Ce que la Bible dit de...

L'adultère

Tu ne commettras pas d'adultère. (Exode 20.14)

L'adultère consiste pour deux personnes à entretenir des relations sexuelles alors que l'une d'entre elles au moins est mariée à quelqu'un d'autre. Pour l'exprimer simplement, l'adultère déchire les vies et provoque généralement des bouleversements terribles, non seulement pour le couple, mais pour tous ceux qui sont impliqués. Cathy et moi avons des amis qui ont mis fin à leur mariage suite à un adultère, et cela n'a jamais été facile. Les relations sont brisées et la douleur est la conséquence inévitable d'une telle situation. Quand Dieu dit dans les dix commandements : « Tu ne commettras pas d'adultère », Il ne veut pas se montrer rabat-joie. Il ne fait que rechercher le meilleur pour nous.

La fornication

Voici ce que Dieu veut : c'est que vous soyez saints et que vous vous gardiez de l'immoralité. (1 Thessaloniciens 4.3, français courant)

La fornication consiste pour deux personnes célibataires à entretenir des relations sexuelles. A nouveau, je crois qu'il apparaît clairement que Dieu veut le meilleur pour nous. C'est la raison pour laquelle Il nous commande de fuir l'immoralité et la fornication. J'ai souvent le privilège de présider à des cérémonies de mariage entre des personnes qui me sont proches. Au cours de mes séances d'accompagnement prénuptial, je pose toujours la question : « Quel bagage apportez-vous dans cette relation ? » Je fais référence à une famille perturbée, à l'alcoolisme, aux abus sexuels ou à d'autres sources de traumatisme. La première réponse est presque toujours : « Eh bien, j'ai connu une autre relation amoureuse et je suis allé trop loin physiquement. » De grâce, souviens-toi, nos actes sexuels entraînent des conséquences. Il est vrai que Dieu nous pardonne, mais la plupart des personnes sexuellement actives avant le mariage continuent d'en ressentir les effets. La meilleure façon d'éviter de souffrir des répercussions d'une relation sexuelle est de prendre le commandement de Dieu au sérieux et d'obéir à la Parole divine. Fuis l'immoralité !

Une seule chair

> N'avez-vous pas lu que le créateur, au commencement, fit l'homme et la femme et qu'Il dit : C'est pourquoi l'homme quittera son père et sa mère et s'attachera à sa femme, et les deux deviendront une seule chair. Ainsi ils ne sont plus deux, mais une seule chair. Que l'homme ne sépare donc pas ce que Dieu a uni. (Matthieu 19.4-6)

Cette citation faite par Jésus vaut la peine d'être relevée. Quand un homme et une femme ont une relation sexuelle, les deux deviennent un ! L'acte sexuel même est une illustration parfaite de deux êtres qui n'en forment plus qu'un seul. Aujourd'hui, l'une des philosophies les plus à la mode consiste à prôner la sexualité sans engagement. Personnellement, je n'y crois pas. Comment deux personnes pourraient-elles devenir un seul être sans qu'aucun lien ne soit créé entre elles ?

La réponse : le respect absolu

> Fuyez l'immoralité ! Tout autre péché que commet un

homme reste extérieur à son corps ; mais l'homme qui se livre à l'immoralité pèche contre son propre corps. (I Corinthiens 6.18, français courant)

Ce passage nous met au défi de fuir, de nous éloigner de l'immoralité sexuelle. Le verset 18 semble souligner que le péché est le péché, mais que le péché sexuel est porté contre notre propre corps. Les effets du péché commis contre notre corps, le temple du Seigneur, semble subsister avec nous plus longtemps sur le plan psychologique et émotionnel. Franchement, je connais des gens qui ont pris de mauvaises décisions sexuelles au lycée et à l'université, qui ont désormais la quarantaine et se débattent encore avec les péchés sexuels de leur adolescence. Je n'évoque pas seulement les filles qui sont tombées enceintes. Je parle d'émotions et de sentiments paralysés à cause d'expériences passées.

Ne savez-vous pas ceci : votre corps est le temple du Saint-Esprit qui est en vous et que vous avez reçu de Dieu, et vous n'êtes pas à vous-mêmes ? Car vous avez été rachetés à grand prix. Glorifiez donc Dieu dans votre corps. (I Corinthiens 6.19-20)

Notre corps étant le temple de Dieu à travers le Saint-Esprit, nous devons nous traiter avec le plus grand respect. Se traiter mutuellement comme le temple de Dieu implique de se considérer l'un l'autre avec honneur. Éric a traité Marie avec respect à cause de son engagement envers Dieu.

Si nous envisageons ce passage sous un autre angle, nous comprenons que Jésus-Christ a donné son corps pour nous sur la croix. En tant que chrétiens, notre réponse à la croix doit donc consister à offrir notre corps à Dieu. L'une des conséquences les plus importantes de notre identité de disciples de Jésus consiste à L'honorer et à Lui obéir en Lui donnant notre corps. Paul l'exprimait en ces termes :

Je vous exhorte donc, frères, par les compassions de Dieu, à offrir vos corps comme un sacrifice vivant, saint, agréable à Dieu, ce qui sera de votre part un culte raisonnable. (Romains 12.1)

Dieu ne veut pas « rabattre » notre joie en matière de sexualité. C'est Lui qui l'a créée ! C'était son idée ! Il veut le meilleur pour nous et le défi qu'Il lance à tout chrétien est celui du « respect absolu ».

♥ SUJETS DE RÉFLEXION

1. Le respect absolu est de toute évidence une philosophie différente de ce que tu as coutume d'entendre dans le monde. Quelles différences distingues-tu ?
2. Notre corps est le temple du Saint-Esprit. Comment ce principe affecte-t-il notre relation avec les personnes du sexe opposé ?
3. Comment peux-tu pratiquement et spécifiquement « user de prévenances » envers ton petit ami ou ta petite amie ?
4. La philosophie du respect absolu te parait-elle une option parmi d'autres, ou l'unique option, en matière de relations amoureuses chrétiennes, axée autour du Christ ?

♥ ÉTAPES PRATIQUES

1. Surveille ton langage ! Une étape pratique importante consiste à veiller à la façon dont tu t'adresses aux personnes du sexe opposé (et du même sexe par la même occasion). Quand tu dis d'une personne qu'elle est « facile » sur le plan sexuel ou quand tu décris son corps en termes sexuels, tu parles d'un enfant de Dieu, créé à son image. Les chrétiens sont mis au défi d'aimer et d'encourager les autres en actes et en paroles. La prochaine fois que tu seras sur le point de faire une plaisanterie ou une insinuation de nature sexuelle, retiens ta langue !
2. Traite chacune des personnes que tu connais comme un enfant de Dieu. Lis Matthieu 25.34-40. Ce passage fait référence à la satisfaction des besoins des pauvres et des opprimés. Considère le verset 40 et note comment il se rapporte au principe du respect absolu.

♥ TRAVAIL D'ÉQUIPE

Vous trouverez ci-dessous plusieurs « situations ». Notez individuellement, avant d'en discuter en groupe ou en famille, la façon dont vous appliqueriez le respect absolu à chaque situation :

- ♥ Écouter d'autres étudiants parler sous forme d'insinuations sexuelles à une fille ou à un garçon de l'école.
- ♥ Dans le cadre d'un rendez-vous, aller plus loin que ce qui semble correct aux yeux de Dieu.
- ♥ Emmener son ami(e) voir un film explicitement sexuel.
- ♥ Sortir avec un non-chrétien.
- ♥ Embrasser, caresser la poitrine, pratiquer le sexe oral.

12

Les fréquentations

Les fréquentations constituent un grand paradoxe. La plupart des gens rêvent de vivre une histoire d'amour parfaite. Tous les jeunes sont impatients de connaître leur premier amour. Sortir avec une personne du sexe opposé peut s'avérer très amusant. Une telle relation peut t'offrir tout ce dont tu as jamais rêvé. Mais le paradoxe réside en ce que le flirt peut aussi provoquer plus de détresse, de douleur et de remise en question que tout ce que je connais. Avant de passer en revue quelques conseils utiles, je voudrais dissiper deux malentendus sur les fréquentations.

Malentendu 1 : Presque tout le monde, au lycée, sort avec quelqu'un.

Faux. Si tu entres dans la catégorie des lycéens qui n'ont jamais fréquenté quelqu'un, tu es loin d'être seul. Après avoir entendu de ma part quelques statistiques lors d'une rencontre de jeunes, l'une des responsables m'a transmis le petit mot suivant : « Merci Jim d'avoir démontré à nos jeunes que tout le monde ne flirte pas au lycée. Adolescente, mon plus grand problème dans la vie était de ne pas avoir de petit ami. Je pensais être la seule. Je détestais tout en moi : mon apparence, ma personnalité, mon église,... tout. Des années plus tard, j'ai compris à quel point je devais être reconnaissante d'avoir été si « retardataire ». J'ai pu établir des amitiés positives au lycée qui ont résisté au temps et j'ai un merveilleux mari rencontré à l'université. Combien j'aurais voulu vous entendre des années auparavant. »

Voici l'extrait d'une lettre autre qui aborde la même question sous une perspective différente : « Je voudrais ne pas avoir flirté si jeune. J'ignorais comment gérer mes émotions et j'ai laissé des garçons m'utiliser. Bien entendu, je n'en avais pas conscience à l'époque, mais aujourd'hui, après deux avortements, je regrette d'avoir grandi si vite. »

Malentendu 2 : Pour être populaire, tu dois être sexuellement actif.

Une fois de plus, ce principe est faux. Tout le monde ne fait pas l'amour ! Si tu pouvais questionner certains des étudiants les plus populaires de ton école, tu découvrirais qu'ils ne sont pas tous sexuellement actifs. Il va de soi qu'ils éprouvent des pulsions sexuelles normales, de la curiosité et tout le reste, mais ils reconnaissent qu'ils ont à se préoccuper de priorités plus importantes.

Une adolescente de notre groupe de jeunes a émis l'un des compliments les plus flatteurs que j'aie jamais entendus. Elle parlait de l'un de nos adolescents, en dernière année de lycée, et elle le décrivait en ces termes : « Simon est super mignon et très populaire à l'école. Il est très sportif. J'adore lui parler, il a tant d'assurance. Et pourtant, figurez-vous qu'il est toujours vierge ! »

Apparemment, ma jeune amie était étonnée qu'une personne puisse être mignonne, populaire, pleine d'assurance et choisir malgré tout de rester vierge. Des milliers ont choisi expressément de ne pas être sexuellement actifs et semblent tout de même avoir des tas d'amis et jouir d'un certain degré de popularité.

Quelques-uns des points développés valent la peine d'être répétés. D'abord, tout le monde ne flirte pas au lycée. Ensuite, il n'est pas nécessaire d'être sexuellement actif pour être populaire. Fréquenter quelqu'un peut s'avérer très amusant et ton heure viendra. Qu'elle ait déjà sonné ou non, voici quelques suggestions à ton intention.

Suggestions pour vos sorties

Faîtes-vous des amis

Comme je l'ai partagé précédemment, la première fois que j'ai vu celle qui allait devenir ma femme, je me suis profondément entiché d'elle. Elle ignorait que j'existais, mais je savais que je vivais un coup de foudre. Sur le moment, j'aurais pu affirmer que j'avais éprouvé l'amour au premier regard, mais aujourd'hui je sais que je n'étais pas encore vraiment amoureux au départ. Quoi qu'il en soit, je n'oublierai jamais ce jour-là, à l'école.

Je me trouvais à l'université, avec deux autres nouveaux étudiants que je venais de rencontrer au déjeuner. Cathy était entourée d'un groupe d'étudiants plus âgés qui semblaient éprouver les mêmes sentiments que moi ! Je me suis penché vers mes deux nouveaux copains, je leur ai montré Cathy et j'ai dit : « Vous voyez cette fille là-bas ? Eh bien, un de ces quatre, je sortirai avec elle. » Ils l'ont regardée, ils m'ont regardé et ils ont éclaté de rire. Ils pensaient que je blaguais, mais j'étais très sérieux.

J'ai eu la chance d'être inscrit aux mêmes cours d'anglais et de psychologie que Cathy. J'essayais de m'asseoir auprès d'elle chaque fois que je le pouvais, c'est-à-dire assez souvent parce que j'attendais qu'elle entre en classe avant de choisir un siège.

Pour résumer cette histoire finalement assez longue, nous

sommes devenus « amis ». Cathy avait un autre petit ami et elle me parlait même de leurs rendez-vous. Mais tu sais quoi ? En devenant « seulement » des amis, nous avons établi une relation fraternelle qui aura été pour nous un solide fondement. Nous passions beaucoup de temps à parler et à consolider ainsi notre amitié. Nous nous amusions beaucoup tous les deux, bien avant de commencer à sortir ensemble.

Voilà pourquoi nous apprécions encore la compagnie de l'autre, vingt ans après notre première rencontre. Nous avons démarré comme des amis et non comme des amoureux. Bien trop souvent, cependant, les personnes impliquées dans une relation amoureuse ne travaillent pas assez à l'établissement d'une amitié, ce qui explique pourquoi certaines relations génèrent de nombreuses blessures et de nombreux malentendus.

Évitez l'isolement

Un autre facteur à prendre en considération lors de ses fréquentations est la nécessité d'éviter de s'isoler. Si tu passes uniquement du temps avec ta petite amie ou ton petit ami et très peu de temps avec tes propres amis, votre relation sera certainement assez pauvre.

Souvent le scénario est le même : un garçon et une fille se rencontrent. Ils se plaisent beaucoup. Ils passent plus de temps ensemble. Ils en viennent à apprécier tellement la compagnie de l'autre qu'ils commencent à exclure leurs amis. Finalement, ils ne passent plus que très peu de temps avec d'autres personnes. Leurs amis s'en plaignent, mais en vain. Le couple devient sexuellement actif. Ils rompent. Tous deux souffrent de cette rupture. Tous deux ont également le sentiment d'avoir perdu leurs amis et de ne plus pouvoir se tourner vers qui que ce soit dans leur solitude.

Dans le cadre d'une relation amoureuse positive, chaque partenaire doit entretenir ses anciennes amitiés et passer du temps avec d'autres personnes. Une relation positive n'implique pas une dépendance totale, mais bien un amour et un respect mutuels qui disent : « Je t'aime tant, que je suis prêt à te partager avec tes amis. »

Ne restez pas ensemble uniquement par sécurité

Mettre un terme à une relation est l'une des décisions les plus difficiles à prendre dans la vie et pourtant cela s'avère souvent nécessaire. La plupart des fréquentations entre adolescents vont trop loin pour rester saines. Et quand elles prennent fin, le traumatisme émotionnel est profond. Souvent, l'un des partenaires ou les deux tentent de restaurer la relation. Or, il n'y a rien de pire que d'essayer de recoller ce qui ne devrait jamais l'être. Si tu t'accroches à une relation uniquement pour la sécurité qu'elle t'offre, prends ton courage à deux mains et romps. Plus tôt tu y mettras un terme et mieux cela vaudra.

Il peut nous arriver de ne pas savoir comment réagir en présence d'une personne avec laquelle nous avons rompu. Essaie de maintenir votre amitié. Cela peut prendre du temps, mais efforce-toi de rester son ami ou son amie. Votre relation finira peut-être par devenir une amitié vraiment étroite. Pour y arriver, il faudra éviter les ragots ou les anecdotes négatives sur ton « ex ». Efforce-toi de mettre vos différences de côté et de travailler à développer une relation fraternelle.

Pratiquez ensemble ou en groupe des activités amusantes et agréables

Le but de la fréquentation étant de devenir de meilleurs amis, il est important de planifier des rendez-vous qui vous permettent de mieux se connaître. Beaucoup de rendez-vous sont ennuyeux parce que les partenaires font toujours la même chose au même endroit. La monotonie peut amener toute relation, même excellente, à devenir amère. Faites donc preuve d'originalité dans vos rendez-vous !

Si vous ne vous sentez pas d'humeur créative, voici plus de 90 suggestions originales ou un peu plus banales pour vos rendez-vous. Je les ai compilées au fil de nombreuses séances de réflexion avec des lycéens et en lisant quelques ouvrages très utiles. Parcourez cette liste ensemble et ajoutez-y d'autres idées de votre propre cru, puis montrez-vous originaux dans vos rendez-vous !

Sorties actives ou sportives

Randonnée en tandem ou en VTT

Promenade au bord d'une plage ou d'un lac

Patin à glace

Canoë

Randonnée équestre

Escalade ou randonnée pédestre

Danse

Golf miniature ou flipper

Tennis

Ski nautique

Bowling

Ping-pong

Cours de gym en commun

Roller skate

Voile

Cerf-volant

Pêche

Ski alpin

Jogging

Rafting

Badminton

Randonnée en moto

Jardinage

Laver des voitures ensemble

Construction d'une cabane dans un arbre

Promenade

Visite en ferry

Assister à une étude biblique

Découverte d'un corps artisanal (restaurer de vieux meubles, faire des céramiques)

Inscription à un cours hors du commun ensemble (conversation en anglais, photographie, aquarelle)

Brocante

Shopping

Rédaction de nouvelles ou de poèmes

Initiation à la photographie

Jeux de société ou de cartes

Lecture d'un livre ensemble à haute voix

Faire ses devoirs ensemble

Collection commune

A table...

Sortir pour le dîner (ordinaire ou original)

Partager une pizza en discutant

Organiser un barbecue

Pique-niquer

Préparer le dîner pour les parents

Déguster une crème glacée en discutant

Kidnapper l'autre pour le petit déjeuner

Cuisiner ensemble

Faire de la pâtisserie

Faire de la crème glacée maison

En spectateurs

Théâtre

Cinéma

Activités d'église

Fêtes organisées par les copains

Rencontre sportive

Concert

Programme télévisé chez un copain

Étude biblique

Meeting aérien

Conférence

Débat

A visiter

Montagne

Site historique

Cirque

Jeux de neige

Observatoire spatial

Fête du village

Plage

Musée

Zoo

Parc public et balançoire

Activités d'église

Au service des autres

Préparer une étude biblique

Travailler ensemble dans l'église locale

Faire du bénévolat ensemble

N'oublie pas que les fréquentations préparent au mariage

Il est bien possible que la personne avec laquelle tu sors ne soit pas celle que tu voudras épouser, en fin de compte, mais selon toute probabilité ton petit ami ou ta petite amie finira par devenir le conjoint de quelqu'un. Voilà pourquoi cette relation est une bonne préparation au mariage. En fréquentant une personne du sexe opposé, tu peux en apprendre beaucoup sur le type de conjoint que tu aimerais avoir et tu pourras mieux déterminer ce que tu recherches chez un partenaire conjugal. Cela peut t'enseigner beaucoup de choses sur toi-même et sur ta manière de t'entendre avec une autre personne. Ces leçons t'apprendront à te montrer plus sensible et à agir de façon plus appropriée quand tu seras prêt à t'engager et à te marier.

La plupart des gens ont besoin d'expérimenter diverses relations avant de s'installer dans une union unique et définitive. Écoute ce que l'un de mes amis m'a confié récemment : « Je savais que j'aimais Carine, mais j'ignorais à quel point jusqu'à cet été, à l'université, où nous avons décidé de rencontrer d'autres personnes. Tu sais, cette période m'a vraiment permis de comprendre ce que j'aimais en Carine et j'en ai été d'autant plus convaincu d'être amoureux d'elle. »

Une dernière pensée avant d'aller plus loin. La personne avec laquelle tu vas sortir étant une créature de Dieu, aimée de Lui, tu dois la traiter avec le même respect, la même dignité et la même gentillesse que tu veux recevoir des autres.

Ne te précipite pas vers une trop grande proximité

Mon ami Mike Yaconelli m'a récemment donné matière à réflexion. Il travaille parmi les jeunes et parvient à les comprendre dans le contexte actuel. Il m'a dit : « Aujourd'hui, il me semble que trop de jeunes prennent beaucoup trop au sérieux une rupture avec un petit ami ou une petite amie. Leur douleur indiquerait presque qu'ils sont mariés et vivent un divorce. » Puis il a fait cette observation sans concession : « Je pense que cela est dû au fait que beaucoup de jeunes ont des relations sexuelles trop rapidement après leur première rencontre et sont confrontés de ce fait à une intimité bien plus profonde que la génération précédente. »

Tu sais quoi ? Mike a raison. Les jeunes deviennent intimes si rapidement que leur santé émotionnelle finit par en payer un lourd tribut. Considère le scénario suivant.

Marc et Suzy s'aiment. En fait, ils pensent qu'ils s'aiment. Ils n'avaient pas l'intention au départ de devenir aussi proches, mais ils le sont devenus. Curiosité, désir, pulsion sexuelle ou simplement le plaisir de se toucher, décris-le comme tu veux. Quoi qu'il en soit, ils ont désormais des problèmes. Ils ont été intimes mais ni l'un ni l'autre n'est capable émotionnellement de gérer le profond engagement qui accompagne toute intimité physique. La relation commence à se détériorer jusqu'à la rupture. C'est dommage parce qu'ils auraient pu former un couple solide. Au lieu de cela, ils doivent supporter les conséquences émotionnelles douloureuses qui vont de pair avec la rupture de l'intimité physique.

Si tu vis ou voudrais vivre une relation spéciale, avance très lentement. Cette amitié particulière vaut la peine d'attendre, et adopter le rythme le plus lent possible pourrait s'avérer l'un de tes choix les plus sages. Je n'ai jamais rencontré personne qui ait regretté d'avoir attendu avant d'atteindre un stade physique dans une relation. Penses-y un instant. Je ne peux pas en dire autant de tous mes amis qui n'ont pas attendu.

Sortir avec des non-chrétiens

Passons à la grande question : les chrétiens devraient-ils sortir avec des non-chrétiens ? Chaque fois que je prends la parole lors de conférences, chaque fois que je mène un débat sur le domaine sexuel et chaque fois que j'aborde la question du flirt, on me demande mon avis sur le flirt entre chrétiens et non-chrétiens. Le voici.

Contrairement à ce que pensent certaines personnes, tous les non-chrétiens ne cherchent pas à se précipiter au lit dès le premier rendez-vous. Tous les non-chrétiens ne sont pas de grands fumeurs, ni de grands buveurs. Je connais beaucoup de non-chrétiens merveilleux. Certaines des personnes les plus gentilles, les plus douces et les plus talentueuses que je connaisse ne confessent pas leur foi en Jésus-Christ. Je trouve honteux que certains chrétiens bien intentionnés nous conseillent en quelque sorte : « Restez à l'écart des païens non chrétiens. Ils ne feront que précipiter votre chute ! » Il me semble que Jésus a dit quelque part que nous, les chrétiens, étions le sel de la terre et la lumière du monde (Matthieu 5.13-14). Jésus a passé du temps avec les pécheurs et les a aidés à comprendre le véritable sens de la vie. Je pense dès lors qu'un chrétien devrait posséder de proches amis non chrétiens. J'espère que tu entretiens de profondes relations avec des chrétiens, mais aussi avec des non-chrétiens.

Cependant, je ne crois pas en ce que certains appellent le « flirt missionnaire », c'est-à-dire au fait de fréquenter un non-chrétien pour qu'il se convertisse. Cette issue heureuse peut se concrétiser une fois de temps en temps, mais la plupart du temps, ce type de relation débouche sur la douleur, le rejet, l'incompréhension et parfois, un véritable abandon de la foi. Je crois que nous avons tous besoin d'avoir des amis non chrétiens, mais j'ai bien peur que lorsqu'un chrétien flirte avec un non-chrétien, cela revienne tout simplement à mélanger les pommes et les poires.

Laisse-moi m'expliquer : aucun verset de la Bible ne dit textuellement « Tu ne sortiras pas avec un incroyant. » Néanmoins, des directives très claires nous disent de ne pas épouser des incroyants. Or, comme par hasard... La fréquentation mène au mariage !

J'ai vu trop de relations se terminer de façon désastreuse quand l'un des partenaires est chrétien et l'autre pas. Je suis certain que tu as aussi entendu de ces histoires horribles. Un garçon rencontre une fille et ils tombent amoureux. Le garçon s'écarte de Dieu parce que son nouveau « dieu » est sa petite amie. Ou un garçon rencontre une fille et ils tombent amoureux. Le garçon et la fille se marient. La fille est chrétienne, le garçon non. La fille évolue dans une direction avec une série d'objectifs et de principes précis, alors que le garçon avance dans une direction opposée avec des buts et des principes contraires. Le garçon et la fille divorcent dans une grande souffrance. J'imagine qu'en nous conseillant de ne pas nous associer à des incroyants (2 Corinthiens 6.14), Paul évoquait ses propres observations sur la souffrance et la confusion vécues par des personnes « mal agencées » ou « mal associées » tentant de vivre un bon mariage.

Dans son livre sur les fréquentations, Scott Kirby donne un conseil que je trouve très judicieux. Il dit que les êtres humains étant composés d'un corps, d'une âme et d'un esprit, le mieux que puisse obtenir un couple formé par un chrétien et un non-chrétien est *deux tiers de relation*. J'ajouterai ceci : si tu sors avec une personne non chrétienne, tu joues avec le feu. Pas parce qu'elle risque de t'entraîner tout droit en enfer. Tu joues avec le feu parce que, même si vous avez l'air semblables, vous êtes très différents. Donc, pourquoi se contenter d'un second choix alors que tu peux vivre ce que Dieu a de meilleur en réserve pour toi ?

A ce stade, tu en as peut-être assez que je parle constamment du mariage. Tu te dis même peut-être : « Il n'y a pas assez de chrétiens ici avec lesquels je puisse sortir. » J'aime la réponse de Kirby : « Si tu as pour habitude de sortir avec des non-chrétiens, tu as de fortes chances de te marier avec un non-chrétien ». Et, comme je l'ai dit, la Bible est très claire au sujet des unions entre chrétiens et non-chrétiens : « Ne formez pas avec les incroyants un attelage disparate. Car quelles associations y a-t-il entre la justice et l'iniquité ? Ou quelle communion entre la lumière et les ténèbres ? » (2 Corinthiens 6.14). Deux personnes poursuivant des objectifs distincts et suivant deux « seigneurs » différents éprouveront des difficultés à s'unir réellement et à construire un mariage solide.

Mon but à travers ce chapitre aura été de t'amener à méditer sur ce qui est le meilleur pour toi et ta relation avec Dieu. Je te recommande de réfléchir très sérieusement à tes fréquentations amoureuses, car cela pourrait bien faire toute la différence entre un avenir heureux et épanouissant et un avenir de désillusion et de misère. Dans le domaine des fréquentations, ne te contente pas d'un second choix !

♥ SUJETS DE RÉFLEXION

1. Quel conseil donnerais-tu à quelqu'un qui se sent prêt à sortir mais n'est sollicité par personne ?
2. Lesquelles des suggestions pratiques données dans ce chapitre trouves-tu les plus utiles pour toi ? Pourquoi ?
3. Cite deux ou trois idées de rendez-vous tirées de la liste de suggestions, qui te plaisent et qui ne sont que peu ou pas eu coûteuses.
4. Que penses-tu du flirt entre chrétien et non-chrétien ? Sur quels faits et quelles expériences fondes-tu ton opinion ?

♥ ÉTAPES PRATIQUES

1. Dresse ta propre liste de rendez-vous originaux, délirants et agréables. Tu pourrais les classer dans les catégories suivantes :

   - Les rendez-vous les moins onéreux
   - Les rendez-vous les plus onéreux
   - Pour un premier rendez-vous
   - Les rendez-vous entre plusieurs couples

2. Évite de sortir avec des non-chrétiens. Ainsi formulé noir sur blanc, le conseil peut sembler dur, mais souviens-toi, rien ne t'empêche de vivre des amitiés avec des non-chrétiens. Dieu les aime et Il veut les aimer à travers toi. Mais la fréquentation amoureuse est un type de relation très particulier et tout porte à croire qu'il peut déboucher sur le mariage !

   Si tu n'es pas certain de savoir ce que la Bible dit du mariage avec un non-chrétien, lis 2 Corinthiens 6.14. D'après ce verset, cite les raisons pour lesquelles il ne faut pas épouser une personne non chrétienne.

♥ TRAVAIL D'ÉQUIPE

Comment les chrétiens doivent-ils se traiter mutuellement ?

Revoyez Éphésiens 4 et 5. Ces chapitres évoquent l'unité entre les croyants et la façon dont les chrétiens devraient vivre. Le point culminant de ce passage donne une magnifique description du mariage chrétien. Souvenez-vous pendant votre lecture que tout ce que les Écritures enseignent sur la façon dont les chrétiens doivent se traiter en général s'applique également aux conjoints entre eux (et petits amis aussi) !

Dans le tableau suivant, notez les instructions données en Éphésiens 4 et 5 sur la façon dont les chrétiens doivent se traiter mutuellement. (J'ai commencé pour vous aider).

La façon dont les chrétiens doivent se traiter mutuellement
Avec humilité
Avec douceur

13

Les soirées

Le téléphone a sonné et c'était la mère de Sophie. (Sophie était l'une des adolescentes de 16 ans qui fréquentaient mon groupe de jeunes). Au fil de notre conversation, la mère de Sophie se montrait tour à tour arrogante et désespérée. Elle me dit que récemment Sophie « était sur la mauvaise pente ». Elle faisait constamment la bringue, perdait tout intérêt pour ses études et se conduisait mal à la maison. Sa mère décréta que je devais aider sa fille capricieuse et demanda quand elle pouvait me rencontrer.

Il faut généralement un certain temps avant que les sessions d'accompagnement deviennent probantes. Quand un parent prend le rendez-vous, le jeune veut rarement me rencontrer s'il ne me connaît pas et, la plupart du temps, il s'attend à ce que je me range du côté de ses parents, ce qui n'est pas toujours le cas ! Cependant Sophie et moi avons accroché presque immédiatement. Elle m'a confié qu'elle avait nourri quelques appréhensions à la pensée de notre rencontre et j'ai reconnu que j'avais éprouvé les mêmes sentiments !

Après l'horrible description que sa mère m'en avait faite, je ne pouvais imaginer qu'il s'agissait bien de la même fille ! Sophie se montrait ouverte, franche, polie et très amicale. J'en conclus que malgré sa mauvaise attitude chez elle, beaucoup de choses jouaient en sa faveur. Je pouvais deviner que Sophie présentait autant de potentiel que n'importe lesquelles des personnes que j'avais rencontrées récemment.

Nous nous sommes vus deux fois. Son histoire était similaire à des centaines et des centaines d'autres. Oui, elle faisait un peu trop la bringue. Oui, elle avait touché à l'alcool et à la drogue. Oui, elle avait des problèmes scolaires et, oui, la situation n'était pas brillante à la maison. Il y avait de la tension dans l'air, mais Sophie n'en était pas seule responsable. Ses parents étaient soumis à un stress professionnel intense et leur relation conjugale était tendue.

Malgré ce contexte plutôt difficile, l'un des éléments qui jouaient en la faveur de Sophie était qu'elle se disait chrétienne. Pour utiliser ses propres termes : « Je ne ressemble pas vraiment à une chrétienne, mais je crois et j'éprouve le désir de grandir dans ma foi. » Je l'ai crue. J'ai cru en sa sincérité et j'ai demandé à l'une de nos conseillères de passer quelque temps avec elle en particulier. Elles sont allées faire du lèche-vitrine ensemble et quelques parties de tennis et elles ont même entamé une étude biblique hebdomadaire.

La situation semblait s'améliorer pour Sophie. Et puis, un soir, tard, elle m'a téléphoné. Elle s'était rendue à une soirée, elle était très éméchée et elle avait besoin que quelqu'un la ramène à la maison. Ma femme et moi sommes sortis du lit et avons été la chercher. Le temps d'arriver, elle avait cuvé suffisamment pour s'exprimer clairement et elle avait un grand besoin de parler. Elle n'était plus sortie beaucoup dernièrement. Mais cette soirée était importante. La plupart de ses amis avaient prévu de s'y rendre et un garçon qu'elle appréciait vraiment n'avait pas cessé de lui demander si elle serait présente. Il lui avait accordé beaucoup d'attention ce soir-là. Ils avaient bu plus que de raison et Sophie avait perdu conscience. Désormais, elle sanglotait dans notre voiture : « Je pense que nous sommes allés jusqu'au bout, mais je ne m'en rappelle même pas. » Sophie était choquée, honteuse de son attitude et très déprimée.

Quelques mois plus tard, dans mon bureau, après ce que Sophie appelait « la pire nuit de sa vie », nous avons discuté de la nécessité d'aborder le sujet des soirées de bringue avec notre groupe de jeunes. Sophie et moi avons établi cinq suggestions, que nous avons intitulées « Directives pratiques concernant les soirées ». Consacre quelque temps à les examiner et sers-toi de l'expérience de Sophie ! N'attends pas d'avoir à tirer certaines de ces leçons suite à une blessure personnelle.

Directives pratiques concernant les soirées

Si la bringue est un point faible pour toi, ne te rends pas à des soirées

Si tu aimes participer à des soirées, mais que tu te sais incapable de contrôler tes actes comme tu le voudrais, n'y vas pas. La peine et la douleur auxquelles tu t'exposes potentiellement n'en valent pas la chandelle. Souviens-toi qu'il faut vivre avec ses choix et leurs conséquences ; choisis donc (par un acte de ta volonté !) de ne pas y aller. De même, je pense qu'il est important de remplacer tes anciennes habitudes néfastes par d'autres plus positives. Si, par exemple, tu as été jusqu'alors le champion de la bringue et que tu désires arrêter, ne te contente pas de passer tout ton temps devant la télé à ne rien faire. Remplace ce temps par des activités plus positives.

Le mot clé en l'occurrence est « remplacer ». Il est bien plus facile de surmonter une mauvaise habitude ou une faiblesse dans la vie en remplaçant l'expérience négative par une activité positive. Je te suggère de noter sur une feuille de papier quelques alternatives à la bringue que tu apprécierais. Puis, quand la tentation surviendra et que tu ne penseras pas pouvoir surmonter la pression, tu pourras choisir parmi ces options une activité plus possibles. Tu trouveras près de 100 idées de rendez-vous dans la liste d'alternatives présentée au chapitre précédent.

Fréquente des soirées « clean »

Il n'est pas forcément néfaste de se rendre à une soirée. Toutes les fêtes ne signeront pas ta perte. Faire la fête implique réellement de se réjouir et les chrétiens ont plus de sujets de réjouissance que n'importe qui. Sophie a suggéré la possibilité pour les chrétiens de fréquenter ce qu'elle appelait des soirées « clean ». Ces fêtes ont le mérite de nous permettre de passer du temps avec les autres. Au lieu d'aller à des soirées où tu n'auras aucun contrôle sur ce qui se passera, rends-toi à des fêtes qui seront délirantes, sans pour autant te créer des problèmes.

En tant que chrétien, si tu te rends à une soirée, invite le Seigneur Jésus à t'y accompagner

Cela te semble-t-il stupide ? Pourtant, si tu es chrétien, Jésus désire être impliqué dans toutes tes activités. Si tu invites expressément le Christ à t'accompagner, le savoir présent t'aidera à éviter de faire ce qui pourrait vous décevoir Lui et toi. De même, tu pourrais être surpris de découvrir que tu t'amuses mieux que jamais !

Choisis des amis qui t'aideront à vivre sous ton meilleur jour

Sophie a dû considérer avec attention les amis avec lesquels elle passait le plus clair de son temps. Elle a finalement compris que beaucoup de ses problèmes provenaient de la nature de ses fréquentations. Au premier abord, elle ne pensait pas qu'elles affectaient son style de vie, mais en y réfléchissant, elle a pris conscience d'avoir compromis bon nombre de ses convictions à cause de l'attitude de ses amis. Sophie a donc résolu de choisir des amis proches qui exerceraient sur elle une meilleure influence et dont le style de vie la mettrait au défi de mener une existence plus épanouissante.

Les chrétiens ne vivent pas selon les normes du monde

Sophie m'a demandé d'ajouter cette directive à la liste. Le point qu'elle souligne est important et c'est peut-être Jésus qui l'a exprimé le mieux : « Nul ne peut servir deux maîtres ; car ou il haïra l'un et aimera l'autre, ou il s'attachera à l'un et méprisera l'autre. » (Matthieu 6.24). Si nous sommes honnêtes, nous cherchons à vivre, pour la plupart, à la fois d'après les normes du monde et celles de Dieu. Parfois nous devons décider quelle voie mérite d'être suivie et puis nous y engager. Sophie a envisagé et expérimenté ce que le monde peut offrir et elle a choisi Dieu. Elle me confiait récemment : « A aucun moment, je n'ai regretté mon choix. »

Les paroles de Paul pour nous

Quand les normes de Dieu nous semblent plutôt abstraites, il est temps de nous tourner vers la Bible. J'ai en mémoire plusieurs paragraphes écrits par Paul qui décrivent les normes de Dieu à notre égard. Ces passages m'ont vraiment mis au défi au lycée et me remettent en question aujourd'hui encore. Je t'encourage à prendre le temps de lire et d'étudier Colossiens 3.1-17.

Puisque nous sommes ressuscités avec le Christ, Paul nous encourage à rechercher « les choses d'en haut, où le Christ est assis à la droite du Père » et à penser à « ce qui est en haut, et non à ce qui est sur la terre. » (versets 1 et 2). En poursuivant, Paul ne mâche pas ses mots en nous exhortant : « Faites donc mourir votre nature terrestre... (vous qui avez) revêtu la nature nouvelle qui se renouvelle en vue d'une pleine connaissance selon l'image de Celui qui l'a créée » (versets 5 et 10). Ensuite, Paul nous donne quelques instructions précises :

> Ainsi donc, comme des élus de Dieu, saints et bien-aimés, revêtez-vous d'ardente compassion, de bonté, d'humilité, de douceur, de patience. Supportez-vous les uns les autres et faites-vous grâce réciproquement ; si quelqu'un a à se

plaindre d'un autre, comme le Christ vous a fait grâce, vous aussi, faites de même. Mais par-dessus tout, revêtez-vous de l'amour qui est le lien de la perfection. (versets 12-14)

Prends le temps de lire et d'étudier entièrement ce passage de Colossiens. Paul y définit clairement les normes élevées auxquelles nous, chrétiens, devrions aspirer dans notre vie quotidienne. Ces normes devraient s'appliquer à notre comportement lors de soirées comme à tout autre aspect de notre vie. Permets-moi de me faire l'écho de Paul pour clôturer ce chapitre : choisis des amis et des activités qui honorent Dieu, n'invite pas la tentation dans ta vie et crois que Dieu est avec toi quelques que soient les tentations auxquelles tu te trouves confronté.

♥ SUJETS DE RÉFLEXION

1. Penses-tu que les chrétiens devraient assister à des soirées où des drogues et des quantités importantes d'alcool sont disponibles ? Pourquoi ?
2. Quels sont les arguments pour et contre la *bringue* ?
3. Cite quelques alternatives aux soirées ?
4. Dans Colossiens 3.2 (cité dans ce chapitre), Paul recommande aux chrétiens de penser à « ce qui est en haut ». D'après toi, qu'est-ce que cela signifie ?

♥ ÉTAPES PRATIQUES

1. Si la bringue est un point faible dans ta vie, ne fréquente pas les soirées. Note au moins 10 activités que tu pourrais faire au lieu d'aller à une soirée.
2. Fréquente des soirées « clean ». Rédige une description complète d'une soirée « clean » que tes amis et toi apprécieraient. Tu pourrais choisir un thème, concevoir la décoration, prévoir les rafraîchissements et les activités. Dresse la liste des gens que tu aimerais inviter.

- ♥ Thème
- ♥ Décoration
- ♥ Rafraîchissements
- ♥ Invités
- ♥ Date et heure

Maintenant, obtiens la permission de tes parents et fonce !

♥ TRAVAIL D'ÉQUIPE

Souvenez-vous que les chrétiens ne vivent pas d'après les normes du monde.

Songez à la dernière soirée à laquelle vous avez assisté. Quel type de normes les gens présents semblaient-ils respecter ? Dans quelle mesure ces normes et ces attitudes étaient-elles similaires à ce que Dieu nous appelle à vivre ? Dans quelle mesure ces normes et ces attitudes étaient-elles différentes de ce que Dieu désire pour notre vie ?

Résumez vos observations et vos idées dans le tableau ci-dessous et discutez-en en groupe.

Les normes de la soirée	Les normes de Dieu

14

Alcool et drogue

Je suis pas bégueule. En fait, certains des adultes qui lisent cet ouvrage trouvent peut-être que je devrais me montrer un peu plus prude. Cependant, je serai franc avec toi : l'alcool et la drogue m'effraient. Peut-être parce que j'ai pu observer les trop nombreux effets secondaires dévastateurs de l'abus de boisson dans ma propre famille. Peut-être est-ce à cause de Stéphane que j'ai rencontré il y a quelques années. A 16 ans, son cerveau était « grillé » sous l'effet des trop nombreuses drogues que son corps avait absorbées, alors qu'il possédait auparavant tout le potentiel nécessaire pour mener une vie heureuse et épanouie. C'est peut-être aussi à cause de Sophie qui s'est saoulée et qui n'est plus sûre de sa virginité. La liste pourrait s'allonger encore et encore et les anecdotes ne font qu'empirer, surtout si l'on considère que la plupart des décès dus aux accidents de la circulation sont provoqués par l'ivresse des conducteurs.

Je suis également effrayé par ce que les gens ont coutume d'appeler les « stupéfiants ». J'espère que tu n'as jamais touché à la drogue et que tu ne t'es jamais saoulé. D'après les statistiques, à l'âge de 18 ans, il est probable que tu auras déjà essayé l'un ou même les deux. Je ne vais pas prétendre que chaque fois que tu consommeras de l'alcool et de la drogue, des choses horribles s'abattront sur toi, car cela serait faux.

Mais réfléchis...

Analyse ton attitude : qui est aux commandes ?

Une personne sous l'emprise de l'alcool ou de la drogue ne contrôle pas ses actes. Charlie Shedd a écrit : « Quand la sexualité est impliquée, il est bon de vérifier qui est aux commandes. Réfléchis-tu consciemment ou quelqu'un d'autre le fait-il pour toi ? Désires-tu vraiment ce qui arrive ? Ou le fais-tu sous la pression d'autrui ? ». J'ai entendu trop d'histoires sur des gens ivres ou drogués qui ne contrôlaient plus leurs actes et qui (bingo !) se trouvaient confrontés à une grossesse non désirée avec toutes les conséquences à vie qu'implique ce genre de situation.

Si tu consommes de l'alcool ou de la drogue, ne conduis pas

J'ai un nom pour les gens qui boivent et qui conduisent : des INSENSÉS.

La science a démontré qu'une seule bière pouvait suffire à empêcher certaines personnes de maîtriser pleinement leur conduite. Un conducteur ivre (et je ne parle pas nécessairement du type de soûlards que nous pouvons voir au cinéma) représente non seulement une arme dangereuse susceptible de se tuer ou de se mutiler gravement, mais il possède aussi la capacité tangible de tuer ou de mutiler des passants innocents. Si tu consommes de l'alcool ou de la drogue, ne conduis pas.

Beaucoup ont aimé le film Arthur, l'histoire d'un alcoolique heureux. Honnêtement, ce film m'a beaucoup déprimé. La plupart des alcooliques ne sont pas à ce point heureux et à ce point attendrissants. En outre, au volant, ils n'ont pas autant de chance qu'Arthur lorsqu'il dévale les avenues new-yorkaises en loupant de peu les autres véhicules et les passants. L'histoire d'Arthur est une pure fantaisie. Si tu veux connaître le scénario de la vie réelle, lis les journaux. Des accidents de la route dus à des chauffards ivres se produisent tous les jours et la plupart du temps, ils ne connaissent aucune « happy end ».

L'alcoolisme augmente

En France parmi les garçons, 24 % des 16-17 ans et 40 % des 18 ans et plus consomme régulièrement de l'alcool. Chez les filles, la consommation est moins fréquente et n'augmente plus guère après 16-17 ans, alors que la fréquentation double chez les garçons de 16-17 ans à 18 ans et plus.

En général, ils ne ressemblent pas aux alcooliques stéréotypés (peu y ressemblent !). Ils sont pourtant esclaves à vie d'un mal qui a brisé plus de foyers et ruiné plus de vies que toute autre nuisance au monde. Si tu as le moindre doute sur ton éventuel alcoolisme, cherche de l'aide dès à présent. N'attends pas de blesser ta famille ou de gâcher ta vie. En outre, si tu veux prendre véritablement conscience du problème, visite une antenne locale des Alcooliques Anonymes (AA). Tu constateras très rapidement que les alcooliques ne sont pas vraiment heureux avant d'être guéris. Même alors, beaucoup portent les cicatrices de leur alcoolisme à vie.

La Bible dit : « Ne vous enivrez pas de vin : c'est de la débauche. Mais soyez remplis de l'Esprit. » (Éphésiens 5.18). Je voudrais que la Bible dise : « Ne vous saoulez pas et ne vous droguez pas, car vous ruineriez votre vie ! » Mais elle ne tient pas de tels propos. Elle se contente de dire que nous ne devrions pas nous enivrer (ou nous droguer), mais que nous devrions au contraire être remplis du Saint-Esprit. Sous l'emprise de l'alcool ou de la drogue, il est impossible de laisser le Saint-Esprit de Dieu agir dans notre vie.

Je connais un jeune qui a choisi de ne pas boire alors que la plupart de ses amis et des membres de sa famille buvaient. Certains de ses proches étaient alcooliques. Je lui ai demandé un jour : « Pourquoi ne bois-tu pas ? » Je n'oublierai jamais sa réponse : « J'aime la saveur de certains alcools et je ne connais rien de plus désaltérant en été qu'un verre de bière bien fraîche. Mais j'ai décidé que je n'en avais pas besoin. Je n'impose pas ma décision aux autres, parce que je ne suis pas convaincu que personne ne devrait boire, mais je vais te dire pourquoi je ne bois pas et ne prends pas de drogue. Je pourrais me contenter d'une bière par semaine et ne rien y trouver de mal, si ce n'est que mon père alcoolique verrait cet unique verre et s'en servirait pour justifier son casier de bières. Je refuse d'avoir un témoignage silencieux négatif envers mes amis et ma famille. En plus, je n'ai pas besoin de boire ou de me droguer pour être accepté. Je préfère garder le contrôle de mon esprit et de mon corps à tout moment. »

Je ne peux rien ajouter d'autre que : « Bien dit, mon ami. Impossible de ne pas respecter ta position. »

La drogue

Le moindre des stupéfiants me rend nerveux. J'ai trop souvent vu des amis innocemment piégés par ces substances, dont le cerveau n'a pas tardé à être « grillé » par le PCP ou le LSD. Cela ne signifie pas que tous ceux qui goûtent à la marijuana finiront affalés dans une sombre allée, les bras couverts de traces d'aiguille. Cependant, tous ceux qui goûtent à un quelconque stupéfiant doivent soigneusement et logiquement remettre leur attitude en question.

J'ai un scoop : les drogues fonctionnent du tonnerre ! Elles peuvent t'amener à te sentir bien et elles te feront planer chaque fois que tu en prendras. Et c'est bien-là le problème. Les drogues altérant l'humeur, une personne peut facilement en devenir dépendante. Le fait est que les jeunes qui consomment de la drogue précocement en viennent à ressentir tout stress de façon anormalement élevée et deviennent dépendants des drogues pour « se sentir mieux ». Après un certain temps, ils cherchent expressément à planer parce qu'ils ne fonctionnent plus que de cette manière. Et la plupart de ceux qui cherchent à vivre leur trip ne sont pas des clochards, mais bien des personnes qui possèdent un boulot ordinaire et des foyers plus ou moins stables. Pourtant, au fil des années, ils finissent par provoquer bon nombre de drames dans leur famille.

Il me faut aborder un autre point important. Il est presque universellement reconnu qu'il existe une prédisposition biologique à l'alcoolisme et à la consommation de drogues. Récemment, j'ai tenu une conférence dans un lycée et j'ai dit aux étudiants : « Il apparaît presque certain aujourd'hui qu'il existe une prédisposition biologique à la maladie de l'alcoolisme. Vous pouvez donc l'hériter de votre famille. Donc, si votre père, votre mère, vos frères, vos sœurs, vos tantes, vos oncles ou vos grands-parents sont alcooliques, vous présentez de plus grands risques de le devenir vous-mêmes. Votre corps réclamera de l'alcool différemment des autres. »

Après la réunion, un jeune est venu vers moi et m'a dit : « Vous voulez dire en fait que si mon père est alcoolique, je cours davantage de risques de le devenir moi aussi et je ne devrais donc pas boire. »

J'ai acquiescé. « Oui, c'est bien le message que j'ai voulu faire passer. »

Il s'est exclamé : « Mais, ce n'est pas juste ! »

J'ai répondu : « Qui a dit que la vie était juste ? »

En poursuivant notre entretien, j'ai compris que mon jeune ami était déjà alcoolique. Il m'a confié qu'il pouvait boire cinq bières ou une bouteille de vin sans être saoul. Puis il a ajouté : « Mais vous ne me croyez probablement pas. »

J'ai souri et j'ai dit : « Au contraire, je te crois et cela ne fait que renforcer mon avis : tu es probablement déjà alcoolique. » Il m'a regardé, décontenancé, et j'ai poursuivi : « Les alcooliques possèdent un degré très élevé de tolérance à l'alcool. Tu peux boire différemment de tes amis parce que ton corps est habitué à l'alcool. Les gens qui présentent un taux de tolérance élevé boivent sans dépasser leur seuil de résistance. Mais leur corps finit par craquer et leur degré de tolérance s'en trouve modifié, ou alors ils dépassent leur seuil de résistance et des problèmes graves voient le jour. »

Mon nouvel ami m'a serré la main, il m'a m'adressé un regard entendu et s'est éloigné. J'espère qu'il a renoncé à boire, sinon il finira par grossir des statistiques déjà très négatives.

Aujourd'hui, j'appelle les jeunes à reconsidérer leurs habitudes dans le domaine de la boisson et des drogues. J'ai choisi de ne jamais boire d'alcool et, bien entendu, de ne jamais prendre de drogue. Je peux seulement ajouter que celui qui vit dans l'abstinence des drogues et de l'alcool ne le regrettera jamais. Je ne peux pas en dire autant des alcooliques et des drogués qui souffrent de décisions prises sous le contrôle de ces substances. Penses-y !

♥ SUJETS DE RÉFLEXION

1. A ton avis, pourquoi certains jeunes boivent-ils au point de s'enivrer ?
2. La plupart des adolescents sont-ils capables de contrôler leur consommation de drogue et d'alcool ? Pourquoi ?
3. En matière de consommation d'alcool, de quelle philosophie te sens-tu le plus proche à ce stade de ta vie :
   - ❒ Ne touche pas à ça !
   - ❒ Il est permis de boire, mais avec modération.
   - ❒ Nous vivons dans un pays libre : les gens ont le droit de boire autant qu'ils le veulent.

4. Sans mentionner de nom, connais-tu des personnes qui ont connu une expérience négative avec la drogue ou l'alcool ? Comment ta façon d'envisager la consommation d'alcool et de drogue a-t-elle été influencée par ces événements ?
5. Penses-tu que fumer un peu de marijuana juste pour en faire l'expérience soit plus ou moins nuisible que la consommation d'alcool ? Pourquoi ?

♥ ÉTAPES PRATIQUES

1. Réfléchis à tes actes et sache qui est aux commandes.

   - Peux-tu garder pleinement le contrôle quand tu bois ou quand tu prends de la drogue ?

   - Quels sont certains des désavantages ou des dangers de la perte de contrôle ?

   - Lis Éphésiens 5.18. Que signifie ce verset ?

2. Si tu consommes de la drogue ou de l'alcool, ne conduis pas. Note certaines des règles qu'il te faudrait suivre si tu buvais ou consommais de la drogue et te trouvais dans l'incapacité de conduire.

   Ces règles que tu viens d'écrire s'appliquent également si tu es le passager d'un conducteur qui a bu ou pris des stupéfiants. Ne monte pas dans le véhicule de cette personne. Veille à avoir une alternative. Note cette solution de rechange.

♥ TRAVAIL D'ÉQUIPE

« Il suffit de dire non »

Le jeu « Il suffit de dire non » offre une façon excellente de t'exercer à refuser les drogues.

L'objectif du jeu consiste à réagir et à vaincre une situation de pression intense. Efforce-toi de développer plusieurs façons créatives de dire non.

♥ L'offre de drogue

1. Tu es à l'école entre deux cours et quelqu'un te demande de l'accompagner aux toilettes pour fumer un joint.
2. L'un de tes copains te dit qu'il a piqué deux des tranquillisants de sa mère dans l'armoire à pharmacie et te demande de le retrouver après les cours pour les essayer.
3. L'un des élèves les plus âgés du lycée propose de te raccompagner chez toi et te dit qu'il dispose d'une dose de crack très pure et très chère.
4. Au café du coin, une fille te propose une pilule rouge en te promettant qu'elle t'emmènera dans un autre monde.
5. Tu vois un ami dans les vestiaires qui s'injecte quelque chose dans les veines. Il propose de te laisser essayer.

♥ L'offre d'alcool

1. Ton frère aîné et son copain te ramènent d'une soirée et le copain te propose de la vodka pendant le trajet.
2. Lors d'une soirée, une bande de copains explorent le bar des parents. Tout le monde commence à boire.
3. En rentrant des cours, l'un de tes meilleurs copains extirpe une bouteille de whisky de son sac et te demande de jouer à celui qui en boira le plus.
4. Lors d'une randonnée, tu remontes une rivière avec ton frère. Vous êtes au beau milieu de la forêt et il te dit que rien ne t'empêche de boire de l'alcool puisqu'il n'y a personne aux alentours.

11

Culpabilité et pardon

Buffy est un chiot de sept mois dont les mets favoris sont les fleurs, les rideaux et les chaussures de sport. Chaque jour, ma femme, Cathy, et moi hurlons son nom en lui répétant que sa vie ne tient qu'à un fil. En vain. La jeune chienne persiste à mâcher tout ce qui lui tombe sous la dent.

Il y a pourtant un aspect comique dans le comportement de Buffy. Elle semble savoir quand elle a fait une bêtise. Dès qu'elle a ravagé mes chaussures de jogging neuves ou dévoré les tulipes disposées sur la table basse par Cathy, elle court se réfugier sous la table de la cuisine. Et elle reste assise là, l'air aussi innocent que possible, comme si rien ne s'était passé.

Mais Cathy et moi connaissons l'animal. Nous savons que si la chienne se trouve sous la table de la cuisine, elle vient de désobéir. Nous n'avons jamais à chercher bien loin pour trouver des traces de son dernier méfait. Nous, les êtres humains, nous ressemblons beaucoup à Buffy. Nous commettons des erreurs et puis nous nous en sentons coupables. Notre conscience nous culpabilise.

Le docteur James Dobson a évoqué une enquête au cours de laquelle des enfants devaient répondre à la question : « Qu'est-ce que la conscience ? ». Une fillette de six ans a expliqué que la conscience était cet endroit à l'intérieur qui « brûle quand on est méchant ». Un petit garçon du même âge a dit qu'il ignorait la réponse, mais que la conscience devait avoir un rapport avec le fait de se sentir mal quand on « frappe les filles ou les petits chiens ». Un enfant de neuf ans l'a décrite comme une voix à l'intérieur qui dit « non » quand on veut faire quelque chose comme frapper ses petits frères. Un lycéen a répondu à la même question en disant que la conscience était « ce sentiment écœurant qu'on ressent au creux de l'estomac quand on comprend qu'on vient de se planter ».

Pourtant, la culpabilité peut être positive. Peux-tu imaginer à quoi ressemblerait le monde si les gens n'avaient pas de conscience et n'éprouvaient aucune culpabilité après avoir péché ? Si les êtres humains ne possédaient pas de conscience, le monde ne résisterait probablement pas un jour de plus. Il exploserait de péché.

De nos jours, des dizaines de milliers de personnes sont envoyées dans des institutions psychiatriques parce qu'elles sont incapables, pour une raison ou une autre, de gérer leurs sentiments de culpabilité. Je voudrais qu'elles puissent comprendre que malgré le rôle nécessaire de la culpabilité dans notre vie, la bonne nouvelle de l'évangile de Jésus-Christ est que nous pouvons être pardonnés. La culpabilité qui nous pousse à rechercher le pardon est ensuite effacée.

Je crois que beaucoup renoncent à devenir chrétiens parce qu'ils ne peuvent croire que l'évangile, la bonne nouvelle de Jésus-Christ, soit vrai. Ils continuent à tenter de discerner ce qui cloche dans cette histoire. Mais l'évangile ne présente aucun piège. En Jésus-Christ, nous pouvons trouver le pardon de nos péchés, passés, présents et futurs ! Sa mort sur la croix est la punition qu'Il a subie pour tes péchés tandis que sa résurrection est sa victoire sur le péché et la mort, et son don de vie pour toi. Je sais que cette idée est difficile à comprendre mais elle n'en demeure pas moins vraie. Considère l'histoire qui suit.

L'histoire de Caroline

Caroline a grandi dans un foyer ordinaire. Sa famille semblait se disputer plus que la moyenne mais, dans l'ensemble, c'était une famille normale. Ils n'étaient pas spécialement croyants, mais à l'âge de 12 ans, Caroline a participé à un camp d'église et a décidé de donner sa vie à Jésus-Christ. Elle est devenue active dans son groupe de jeunes, mais la pression de ses amis a commencé à peser sur elle et elle a goûté aux drogues douces et aux contacts sexuels. Un soir, alors qu'elle avait 15 ans, elle s'est enivrée et son petit ami de 17 ans l'a persuadée d'aller « jusqu'au bout ». Malgré ses principes chrétiens, elle a accepté. A partir de ce jour, elle a sombré dans un gouffre émotionnel. La vie a continué mais cette expérience négative a paralysé sa foi, sa confiance en elle et ses émotions.

J'ai parlé avec elle alors qu'elle avait 23 ans. Elle semblait toujours paralysée par la culpabilité. Après avoir écouté son histoire en détail, j'ai voulu savoir si elle avait jamais demandé à Jésus de lui pardonner ce péché passé qui continuait de la hanter. Elle a répondu : « Oui, presque tous les jours depuis que cela m'est arrivé. » Huit ans plus tard, elle implorait encore le pardon de Dieu.

Je lui ai ensuite posé ce que je croyais être une question simple : « Crois-tu que Dieu t'a pardonnée ? »

Sa réponse m'a permis de mieux comprendre son problème : « Je ne vois vraiment pas comment Il pourrait jamais me pardonner. »

Bien que chrétienne, Caroline ne comprenait pas le cœur même de l'évangile de Jésus-Christ. Nous avons tous des actes plus ou moins pourris à notre actif dans la vie, mais il n'existe absolument rien que Dieu ne puisse pardonner. Dieu a pardonné nos péchés aujourd'hui et à jamais grâce au sacrifice de Jésus sur la croix.

Caroline devait savoir (vraiment savoir et croire au plus profond de son cœur) que la première fois qu'elle a demandé le pardon de Dieu, Il Lui a complètement pardonné. Son problème était de ne pas pouvoir accepter son pardon et de ne pas pouvoir se pardonner à elle-même. Voilà pourquoi elle portait sur les épaules un lourd fardeau de fausse culpabilité qui gâchait sa vie.

Comme tu peux le voir, les voies de Dieu sont différentes des nôtres. Les êtres humains ont tendance à garder rancune et à mettre un terme aux relations. Dieu, cependant, pardonne toujours. Il œuvre toujours pour donner à ses enfants une vie nouvelle. Si tu n'as pas encore demandé à Jésus-Christ d'entrer dans ta vie, les paragraphes qui suivent te sont destinés.

Inviter Dieu dans ta vie

L'acte ultime d'amour fut la mort de Jésus sur la croix pour toi. La Bible dit : « Mais en ceci, Dieu prouve son amour envers nous : lorsque nous étions encore pécheurs, Christ est mort pour nous. » (Romains 5.8). Je crois que la décision la plus importante dans la vie consiste à reconnaître l'œuvre du Christ sur la croix et à L'inviter à vivre en soi. Quand tu invites Jésus à entrer dans ta vie, Il opère un certain nombre de choses immédiatement. Je n'en mentionnerai que quelques-unes : Il pardonne tes péchés, Il vient vivre en toi, Il te donne la vie éternelle et Il t'offre une vie abondante sur la terre.

Si tu n'as encore jamais demandé à Jésus-Christ d'entrer dans ta vie, je t'encourage à le faire sans attendre. Si tu adresses sincèrement la prière suivante à Dieu, ta vie sera littéralement transformée de l'intérieur. Si tu décides de dire cette prière à Dieu, je t'encourage aussi à rencontrer des chrétiens qui t'aideront à comprendre ta nouvelle foi et à grandir en tant que nouveau croyant pardonné. Voici cette prière :

> Dieu Tout-Puissant, je T'aime. Merci pour le sacrifice suprême d'amour de Jésus sur la croix. Je demande à Jésus d'entrer dans ma vie et de pardonner mes péchés. Merci de me libérer. Amen.

Finalement, Caroline a vaincu ses sentiments coupables et a accepté la liberté et le pardon qu'offre Jésus. Aujourd'hui, elle est une jeune femme heureuse et vibrante qui comprend que le pardon de Jésus-Christ est un don gratuit offert à tous ceux qui le demandent. La Bible dit : « Si nous confessons nos péchés, Il est fidèle et juste pour nous pardonner nos péchés et nous purifier de toute injustice. » (1 Jean 1.9).

Tu es peut-être chrétien, avec une histoire similaire à celle de Caroline. Il est désormais temps de te débarrasser de ta culpabilité en demandant à Jésus-Christ de pardonner tes péchés. Il est fidèle pour te pardonner à tout moment. Au moment où tu formules ta demande, Il te pardonne et tu n'as plus jamais à te sentir coupable dès cet instant.

Un jour, quelqu'un m'a demandé : « Ne crains-tu pas que les gosses pèchent davantage si tu leur parles du pardon absolu de Dieu ? »

J'ai répondu : « Bien sûr que non ! Quand une personne comprend vraiment l'amour et le pardon inconditionnels de Jésus-Christ, son désir de Lui obéir sera plus fort que son envie de pécher. » Et je prie que tu croies cette bonne nouvelle de Jésus-Christ pour que tu ne sois plus paralysé par ta culpabilité. Le don du pardon est à ta portée si tu le demandes. Comment pourrais-tu laisser passer une telle offre d'amour et d'acceptation totale ?

♥ SUJETS DE RÉFLEXION

1. Pourquoi est-il si difficile de surmonter notre culpabilité ?

2. Songe à l'incapacité de Caroline de croire vraiment que Dieu Lui avait pardonné. Quelles sont certaines différences spécifiques entre la vraie culpabilité et la fausse ?
3. Pourquoi éprouves-tu personnellement des difficultés à accepter le pardon de Dieu ?
4. Que dirais-tu à une personne qui se sent coupable ?

ÉTAPES PRATIQUES

1. Tous les êtres humains ont connu et beaucoup continuent à expérimenter de la culpabilité pour divers péchés dans leur vie. Dans son grand amour, Dieu nous offre une façon de nous débarrasser de notre culpabilité. Il nous promet le pardon de nos péchés. Il n'existe aucune limite à ce pardon. Nous devons seulement Lui confesser nos échecs et Il se montre heureux de nous pardonner.

   Prends un moment pour noter sur une feuille tous les péchés qui te viennent à l'esprit. Demande à Dieu de te pardonner et de nettoyer ta vie. Souviens-toi que son pardon est obtenu à la demande. Puis, déchire, brûle ou jette la feuille en signe du pardon complet de Dieu.

2. Voici quelques questions qui t'aideront à pardonner aux autres :

   - Quand as-tu éprouvé du mal à pardonner à quelqu'un ? Sois précis sur les circonstances.

   - Pourquoi t'était-il difficile de lui pardonne ? Que ressentais-tu ?

   - Quand as-tu demandé pardon pour l'un de tes actes ou l'une de tes paroles ? Décris la situation.

   - Que ressentais-tu à la perspective d'aborder la personne que tu avais blessée ou déçue ?

   - Quel est le plus grand acte de pardon consenti par un être humain de ta connaissance ?

♥ TRAVAIL D'ÉQUIPE

Une étude biblique sur le pardon.

L'histoire de David et Bath-Chéba en 2 Samuel 11 et 12 illustre comment même de grands hommes commettent des erreurs. Lisez cette histoire en groupe et puis demandez à chacun ce qui, à son avis, a poussé David à agir de la sorte.

Pour clôturer la discussion, lisez le Psaume 51. Demandez au groupe comment les émotions de la culpabilité et la douleur ressenties par David concernent aussi leur propre vie.

♥ ***Que disent ces versets de Dieu ?***

Psaume 86.5 ; Psaume 103.3

♥ ***Qu'a fait Dieu pour que nous puissions être pardonnés et vivre une relation correcte avec Lui ?***

Jean 3.16 ; Romains 5.8

♥ ***Que fait Dieu de nos péchés confessés ?***

1 Jean 1.9

♥ ***Quand un péché est confessé et pardonné, Dieu s'en rappelle-t-Il ?***

Consultez les versets suivants. Écrivez-les pour mieux imprimer dans votre esprit ce que Dieu fait des péchés confessés et pardonnés.

Psaume 103.12 ; Esaïe 43.25 ; Michée 7.19

Si Dieu oublie tes péchés et les enterre dans la mer, il n'y a aucune raison pour que tu ailles les repêcher !

16

Les options en cas de grossesse

J'ai écrit ce livre avec le profond espoir que le sujet de ce chapitre ne devienne jamais une réalité dans ta vie. Malheureusement, rien qu'en France seulement, environ 8 500 adolescentes de 13 à 17 ans tombent enceintes chaque année et 2 500 d'entre elles mènent leur grossesse à terme. Trop souvent (peut-être la plupart du temps), les personnes impliquées n'ont pas vraiment envisagé toutes les options avant qu'il ne soit trop tard. En outre, les jeunes filles enceintes doivent prendre des décisions difficiles sans aucune aide car leur partenaire a confortablement retiré ses billes du jeu et reste désormais introuvable.

Pour être franc, toutes les options qui s'offrent à une future mère célibataire sont moches. Toutes sont complexes et toutes occasionneront beaucoup de peine et de douleur. Parfois, les difficultés à surmonter sont si grandes que les filles refusent tout simplement d'admettre leur grossesse. Elles répriment la moindre pensée sur le sujet jusqu'à croire effectivement qu'elles ne sont pas enceintes et ce, même après l'apparition évidente des premiers « signes ». Trop de filles refusent de prendre une décision concernant leur grossesse parce qu'elles souhaitent simplement que leur état s'efface comme par magie. Mais cela n'arrive jamais.

Que peux-tu faire si tu es enceinte ? Voici quelques mesures à prendre.

Étapes utiles pour les filles enceintes

Avant tout, fais un test de grossesse. Assure-toi à 100% que tu es bien enceinte. Si tu as eu des rapports sexuels et si tes règles ne sont pas apparues ou même si tu as un peu de retard, passe un contrôle le plus vite possible. Il est insensé d'attendre que ton corps affiche des signes plus évidents. Plus tôt tu seras fixée avec certitude, plus tu auras du temps devant toi pour envisager les différentes options qui s'offrent à toi.

De nos jours, il existe de nombreuses méthodes faciles pour déceler une grossesse. Il faut attendre environ 10 jours après les rapports sexuels pour être certain et, à l'heure où j'écris, des examens sont mis au point pour détecter une grossesse dès le cinquième jour qui suit la conception. Des tests de grossesse à diagnostic rapide sont disponibles sans ordonnance dans toutes les pharmacies. Tu peux aussi consulter ton médecin ou t'adresser à un centre de planning familial. Si tu utilises un test de grossesse et qu'il indique que tu es enceinte, tu dois alors immédiatement consulter ton médecin pour qu'il confirme ton état et te donne des instructions à suivre dès les premiers stades de la grossesse.

Si tu découvres que tu es enceinte, ne souffre pas seule. Confie ton problème à une personne de confiance. La meilleure option consiste à t'asseoir avec tes parents ou l'un d'entre eux seulement et à en parler à cœur ouvert, dans une conversation franche et ouverte. Neuf fois sur dix, tu t'apercevras que tu reçois plus de soutien que tu ne t'y attendais. Si tu ne peux pas en parler à tes parents, trouve quelqu'un d'autre (un responsable de jeunes à l'église, un conseiller à l'école ou un adulte de tes amis) à qui te confier. Tu auras besoin de tout le soutien positif que tu pourras trouver.

Puis, considère attentivement toutes les options aussi rationnellement que possible. En situation de stress intense, les gens font souvent des choix émotionnels qui finissent par s'avérer mauvais. Ils cherchent à bien faire naturellement mais se montrent incapables de considérer toutes les possibilités à cause de la tension émotionnelle dans laquelle leur vie se trouve précipitée.

Les lamentations de Linda

A l'âge de 25 ans, Linda m'a raconté sa triste et douloureuse histoire. Sept ans auparavant, elle était très populaire à l'école, chef des majorettes de l'équipe de foot et responsable de son groupe de jeunes à l'église. Elle est tombée enceinte des œuvres d'un homme plus âgé qui l'a immédiatement poussée à se faire avorter. Linda se sentait perdue, effrayée et vide. Sans rien dire à sa famille, ni à ses amis, elle s'est rendue dans une clinique éloignée pour avorter. Sept ans plus tard, Linda n'avait toujours rien dit à sa famille et ses amis. Et, bien sûr, son « petit ami » avait pris le large depuis longtemps. Elle m'a confié à quel point elle regrettait son avortement. Elle l'appelait une « forme de meurtre ». Linda pleurait : « Je ne pourrai sans doute jamais me pardonner. » Elle n'avait jamais pensé se retrouver enceinte et célibataire. Quand elle a pris conscience de son état, elle s'est sentie contrainte d'avorter. Elle vit désormais dans le regret.

J'ai entendu trop de récits similaires. Il semble toujours que ce soit justement les personnes bien intentionnées qui commettent des erreurs parce qu'elles n'envisagent pas toutes les possibilités.

Prendre une décision intelligemment

Mon épouse et moi étions assis face à Johanna et Patrick. Ils étaient tous deux âgés de 19 ans, intelligents, sportifs, séduisants, célibataires et sur le point de devenir parents (huit mois et demi). Ils se trouvaient confrontés à une prise de décision difficile : garder leur bébé ou le confier à l'adoption. Aucune option n'était facile à envisager et chacune changerait leur vie à jamais. Leur assistante sociale, ma femme et moi étions cependant certains que, malgré leur confusion, Johanna et Patrick finiraient par prendre la bonne décision pour eux. Ils réfléchissaient rationnellement et envisageaient toutes les options malgré l'intensité émotionnelle de leur situation.

Finalement, Johanna et Patrick ont confié leur bébé à l'adoption à un couple de parents chrétiens très spécial qui offrira à l'enfant un foyer merveilleux. J'apprécie la maturité manifestée par Johanna et Patrick qui ont pris le temps d'analyser les différentes options qui s'offraient à eux.

Considérons plus attentivement chacune des trois possibilités que sont l'avortement, l'adoption et la garde de l'enfant. Chacune présente des problèmes spécifiques mais toutes sont à considérer. Ce chapitre traitera des deux dernières, tandis que le chapitre suivant sera consacré à l'avortement.

Les options à envisager

L'adoption

Bien que l'adoption ne soit plus aussi populaire qu'auparavant, elle représente une option à ne pas négliger. Elle peut offrir une alternative positive à l'avortement ou à la garde de l'enfant. Elle peut représenter une expérience positive pour les parents naturels, l'enfant et les parents adoptifs.

A 17 ans, Anne pensait être trop jeune pour élever l'enfant qu'elle portait. Son petit ami la soutenait depuis le début de sa grossesse, mais il n'était pas prêt à « s'installer ». Avec l'aide d'un conseiller, Anne a soigneusement envisagé toutes les options, avant de décider de confier son enfant à l'adoption. Les parents adoptifs étaient un jeune couple de presque trente ans. Mariés depuis cinq ans, ils avaient appris qu'ils n'auraient jamais d'enfant naturel. Or, ils désiraient ardemment élever des petits et leur donner un foyer. Un médecin a fait toutes les démarches nécessaires pour régler l'adoption du bébé d'Anne par ce couple. Anne a ainsi reçu l'assurance que son enfant serait confié à un couple très spécial qui lui garantirait un foyer chaleureux et aimant. Après l'accouchement, Anne a autorisé les parents adoptifs à venir prendre le bébé à l'hôpital. Plus tard, elle a adressé une lettre aux nouveaux parents et l'a envoyée à son médecin qui a pu la transmettre au couple. Voici ce qu'elle écrivait :

> Chers parents du petit bébé,
>
> Je veux que vous sachiez que je prie pour votre (je veux dire « notre ») enfant chaque jour. En songeant rétrospectivement à la décision de renoncer à mon bébé pour l'adoption, je comprends que cette décision est la plus pénible que j'aie jamais dû prendre.
>
> Mais je veux que vous sachiez aussi que ce choix était le plus sage et, j'en suis convaincue, le meilleur pour le bébé. J'espère que vous direz au bébé quand il aura grandi que je l'aime et que je l'aimerai toujours. Aidez-le à comprendre que j'ai renoncé à lui parce que je voulais le meilleur pour lui.
>
> Bien que je ne vous aie jamais rencontrés et ne vous rencontrerai probablement jamais, je suis reconnaissante à Dieu pour l'amour que vous avez pour « notre » enfant.
>
> Avec toute mon affection,
>
> Anonyme

Si tu devais décider de faire adopter ton bébé, veille à sélectionner un organisme réputé dont la priorité absolue est de confier l'enfant au meilleur foyer possible. Assure-toi que l'organisme, l'avocat ou toute autre personne ou entité auquel tu confies le règlement de l'adoption effectue des recherches attentives sur la famille adoptive. L'une des questions les plus cruciales que se pose tout parent naturel est de savoir si son enfant vivra dans un foyer heureux et sûr et recevra tout l'amour et le soutien nécessaires. Il est moins difficile de renoncer à son bébé en faveur de parents adoptifs si l'on est certain qu'il sera confié à une telle famille.

Garder l'enfant

Une option qui semble gagner en popularité parmi les jeunes consiste à garder l'enfant. Aujourd'hui, plus que jamais auparavant, des jeunes filles refusent l'avortement ou l'adoption et choisissent d'élever leur enfant elles-mêmes. En ce cas, mes sentiments sont partagés. Si une jeune personne peut assumer la responsabilité d'élever seule son enfant, elle doit sérieusement envisager de le garder. Cependant, la plupart des jeunes éprouvent déjà beaucoup de difficultés à gérer leurs propres problèmes, sans parler de leur soif constante d'amour et d'attention. Je suis surpris par le nombre de cas de maltraitance d'enfants du fait de parents adolescents. Les statistiques sont effrayantes en la matière.

Si tu es enceinte et si tu t'efforces de prendre une décision sur l'éventuelle garde de ton enfant, pose-toi des questions telles que : Quelle est la meilleure solution pour le bébé ? Me marierai-je avec le père ? Suis-je suffisamment stable sur le plan émotionnel pour affronter les exigences qui vont de pair avec l'éducation d'un enfant ? De même, veille à obtenir l'aide d'un conseiller. Je connais plusieurs gosses formidables nés de parents adolescents et qui s'en sortent très bien. Je connais aussi quelques jeunes élevés par des adolescents qui ont connu des conflits émotionnels parce qu'ils avaient grandi dans une situation familiale perturbée. Ta décision de garder l'enfant doit être personnelle, mais il est bon d'accepter l'avis et l'aide de personnes qui t'aiment sincèrement et cherchent le meilleur pour toi et le bébé.

Dans un de ses ouvrages sur la sexualité, Charlie Shedd reproduit une lettre écrite par une jeune fille qui décrit à quoi ressemble le mariage à 17 ans. Ce texte valait la peine d'être reproduit en l'occurrence.

Christian et moi trépignions d'impatience à l'idée d'être mariés. Quelle folie !

Laisse-moi te dire à quoi ressemble un mariage à 17 ans. C'est comme habiter dans ce taudis au troisième étage, avec pour seule vue par la fenêtre, le taudis du troisième étage de l'immeuble d'en face.

C'est comme rentrer à la maison le soir tellement fatiguée que tu as l'impression d'être morte, après t'être tenue debout toute la journée derrière ta caisse. Mais tu n'oses pas t'asseoir parce que tu pourrais ne plus jamais te relever, alors qu'il reste tant de tâches à accomplir comme préparer le repas, faire la lessive, enlever la poussière et repasser. Alors tu répètes ces gestes mécaniques et tu détestes ton travail et tu te demandes : « Pourquoi ne pas arrêter ? » et tu sais déjà pourquoi. A cause des notes de l'épicier et du pharmacien, à cause du loyer et des honoraires du médecin. Et tu sais que le minable petit chèque rapporté du chantier par Christian ne peut pas suffire à les régler, voilà pourquoi !

Puis, tu essaies de jouer avec le bébé jusqu'au retour de Christian. Seulement, parfois, tu n'as aucune envie de jouer avec la petite. Pourtant, même si tu le fais, tu as cette affreuse sensation de t'exécuter uniquement parce que tu te sens coupable. Elle est tellement belle et tu sais qu'il n'est pas juste pour elle de rester chez cette vieille gardienne toute la journée. Puis, tu laves les couches et tu prépares le biberon. Tu détestes le faire et tu te demandes dans combien de temps elle pourra deviner tes sentiments. Ne serait-il pas terrible qu'elle le sente déjà ?

Puis Christian ne rentre pas à la maison et tu sais que c'est parce qu'il est sorti avec ses copains pour faire ce qu'il ne peut plus faire puisque vous avez dû vous marier. Alors, finalement, tu vas te coucher et tu pleures sur ton sort en te répétant qu'il vaut mieux qu'il ne rentre pas parce que parfois il te tient les pires propos. Puis tu te demandes : « Pourquoi me déteste-t-il autant ? » Et tu sais que c'est parce qu'il se sent piégé et qu'il ne t'aime plus comme il l'avait promis.

Puis, il rentre et te réveille et il commence à te débiter toutes les choses agréables qu'il te répétait avant votre mariage. Mais tu sais qu'il ne cherche qu'une seule chose et pourtant tu veux croire que le vieux Christian est réapparu. Alors tu t'abandonnes, mais quand il a obtenu ce qu'il voulait, il se détourne et tu sais qu'il t'a utilisée une fois de plus. Alors tu essaies de trouver le sommeil mais tu ne le peux pas. Cette fois, tu pleures silencieusement parce que tu ne veux pas montrer que tu souffres.

Tu es là couchée, dans l'obscurité et tu réfléchis. Tu penses à tes parents et à tes frères et la façon dont ils te taquinaient. Tu penses au jardin, à la balançoire, à la cabane dans l'arbre et à tout ce que tu avais quand tu étais gosse. Tu penses aux bons repas que ta mère préparait et à la façon dont elle a essayé de te prévenir. Mais, toi, tu étais sûre qu'elle avait oublié ce que c'était d'être amoureuse.

Puis, tu penses à tes amies et à la façon dont elles ont dû s'amuser au bal de fin d'année. Tu penses à l'université que tu prévoyais de fréquenter et tu te demandes qui va obtenir la bourse qui t'avait été promise. Tu te demandes avec qui tu serais sortie à l'université et qui tu aurais peut-être pu épouser et quel genre de boulot il aurait eu.

Soudain, tu veux parler, alors tu tends le bras et tu touches Christian. Mais il est loin de toi et il te repousse, de sorte que tu peux vraiment pleurer sans retenue désormais.

Si jamais tu rencontres des filles qui pensent, comme moi, qu'elles sont trop malignes pour écouter qui que ce soit, j'espère que tu leur diras à quoi ressemble le mariage à 17 ans.

Comme cette histoire et le reste du chapitre l'ont souligné, la décision à laquelle se trouve confrontée toute mère adolescente n'est pas facile. Si tu es dans cette situation, il est important pour toi d'envisager sérieusement toutes les options aussi soigneusement et froidement que possible. Il est également essentiel de t'efforcer sincèrement d'écouter les conseils de ces gens qui se soucient de toi et à qui tu peux faire confiance.

De même, appuie-toi sur Dieu pour trouver en Lui la force nécessaire en ces moments difficiles, pour qu'Il réponde à tes prières et te guide et pour qu'Il te donne la paix qu'Il offre à ses enfants.

♥ SUJETS DE RÉFLEXION

1. A ton avis, pourquoi certaines filles refusent-elles d'admettre qu'elles sont enceintes ?
2. Avec qui pourrais-tu aborder des questions telles que celles-là ? Songe, par exemple, à tes parents, ton responsable, ton pasteur, un conseiller scolaire ou un ami adulte.
3. Quel conseil donnerais-tu à une fille enceinte ?
4. Lis Psaume 139.13-17. Comment ces versets se rapportent-ils à un couple qui doit prendre une décision au sujet d'une grossesse ?

♥ ÉTAPES PRATIQUES

1. Lis le Psaume 139. Note quelques phrases et quelques expressions qui décrivent l'amour de Dieu et sa sollicitude à ton égard.
2. Invite un médecin chrétien ou une assistante sociale à ton groupe de jeunes.

TRAVAIL D'ÉQUIPE

Pour considérer le pour et le contre de l'adoption et de la garde d'un bébé, complétez le tableau suivant. Notez-y les arguments en faveur et en défaveur de chaque choix du point de vue de la mère, du père, des grands-parents du bébé et du bébé lui-même. Discutez-en ensuite en groupe.

	Adoption	Garde du bébé
Mère du bébé Pour Contre		
Père du bébé Pour Contre		
Grands-parents du bébé Pour Contre		
Bébé Pour Contre		

17

Et l'avortement ?

Un sujet aura rarement été plus délicat que celui de l'avortement. Je sais que tu dois recevoir des informations contradictoires et confuses. Dans notre monde déchu, que nous le voulions ou non, l'avortement est devenu une option. Cependant, permets-moi de l'exprimer aussi clairement que possible : à mes yeux, l'avortement n'est pas une option. Mon cœur saigne pour les jeunes femmes qui tombent enceintes d'enfants illégitimes et je compatis profondément avec celles qui ont choisi d'avorter. Je sais que cette décision est compliquée. Pourtant, peu importe les circonstances de la grossesse, il n'en demeure pas moins que le bébé qui se développe dans l'utérus est une personne qui a droit à autant d'égards et de protection que sa mère.

Certains te diront que le bébé n'est qu'un fœtus et non une personne. Cependant, dès le premier jour de la grossesse, le spermatozoïde s'unit à l'ovule pour former une cellule unique. Cette nouvelle vie a hérité de 23 chromosomes de chacun des parents, 46 au total. Cette cellule unique contient l'empreinte génétique complexe déterminant chaque détail du développement humain : le sexe de l'enfant, la couleur de ses cheveux et de ses yeux, sa taille et son teint.

Tout ces détails sont réglés dès le premier jour ! A trois semaines, le cœur commence déjà à battre. Les ondes cérébrales peuvent être détectées et enregistrées à 40 jours. A un peu plus de 12 semaines, le bébé dort, s'éveille et peut faire fonctionner ses muscles. Des cheveux ont déjà commencé à pousser sur sa tête.

Cathy et moi avons commencé à sentir les mouvements de notre petite fille à quatre mois et demi. Beaucoup de futures mères demandent encore un avortement à ce stade ! Je connais personnellement des femmes qui ont traversé cette épreuve. Elles m'ont confié qu'elles ne peuvent oublier leur décision peu importe leurs efforts. Une femme dans cette situation souffrira souvent d'un profond chagrin dû à la perte de son enfant. Elle luttera contre une peur, une colère, une tristesse et une culpabilité intenses, sachant qu'elle a permis le meurtre d'un enfant vivant dans son ventre.

Choisir la vie

Patricia était l'une des responsables de notre groupe de jeunes. Elle voulait devenir soit responsable de jeunes à temps plein dans notre église, soit avocate. Patricia obtenait de bons résultats scolaires. Elle était appréciée de ses copains et était l'une de mes meilleures amies. Quand elle est entrée dans mon bureau pour m'annoncer qu'elle était enceinte, j'ai vraiment été surpris. Elle avait eu un seul rapport sexuel, était tombée enceinte et venait m'apprendre qu'elle avait opté pour un avortement.

Patricia m'a dit : « Je sais ce que tu penses de l'avortement, Jim, mais je voulais en parler à quelqu'un avant de passer à l'acte. Mes parents (très actifs dans notre église) seraient trop embarrassés. Je veux aller à l'université et si j'avais un enfant, ma vie serait gâchée à jamais. » Qu'aurais-tu dit à Patricia à ma place ?

D'abord, je lui ai assuré que je l'aimais. Je l'ai remerciée d'avoir partagé son problème avec moi. C'est elle qui a parlé le plus et il était important pour moi de l'écouter. Après tout, l'écoute est le langage de l'amour. Finalement, après avoir dit tout ce qu'elle avait sur le cœur, elle m'a demandé mon avis.

Cet après-midi dans mon bureau, nous avons abordé toutes les options. Qu'éprouvait-elle à son égard en sachant au plus profond de son cœur qu'elle portait un bébé dans son corps ? Cet enfant n'était pas seulement de la chair et elle le savait. Nous avons parlé de l'éventualité de révéler sa grossesse à ses parents. Ils seraient certainement déçus, mais pas autant que s'ils apprenaient son projet d'avortement. Nous avons discuté de la possibilité de garder l'enfant ou de le confier à un foyer accueillant par le biais de l'adoption. J'ai partagé avec elle notre combat, à Cathy et moi, contre la stérilité et notre profond désir d'adopter un enfant. Nous avons parlé encore et encore.

Emportée dans un tourbillon émotionnel intense, Patricia a reconnu qu'elle n'avait pas pris tous ces facteurs en considération. Il était important pour elle d'examiner toutes les facettes du problème. Comme Patricia était chrétienne, il était également crucial de consulter la Bible. Ensemble, nous avons lu :

> Dieu créa l'homme à son image : Il le créa à l'image de Dieu, homme et femme Il les créa. (Genèse 1.27)
>
> Voici que des fils sont un héritage de l'Éternel, le fruit des entrailles est une récompense. (Psaume 127.3)
>
> C'est Toi qui a formé mes reins, qui m'as tenu caché dans le sein de ma mère. Je Te célèbre ; car je suis une créature merveilleuse. Tes œuvres sont des merveilles, et mon âme le reconnaît bien. Mon corps n'était pas caché devant Toi, lorsque j'ai été fait en secret, tissé dans les profondeurs de la terre. Quand je n'étais qu'une masse informe, tes yeux me voyaient ; et sur ton livre étaient tous inscrits les jours qui étaient fixés, avant qu'aucun d'eux existe. (Psaume 139.13-16)
>
> Iles, écoutez-moi ! Peuples lointains, soyez attentifs ! L'É-

ternel m'a appelé dès le sein maternel, Il a fait mention de mon nom dès ma sortie des entrailles de ma mère. (Esaïe 49.1)

Car en Lui tout a été créé dans les cieux et sur la terre, ce qui est visible et ce qui est invisible, trônes, souverainetés, principautés, pouvoirs. Tout a été créé par Lui et pour Lui. (Colossiens 1.16)

Après avoir parcouru tous ces passages bibliques, Patricia et moi avons prié et pleuré. Je lui ai demandé si elle acceptait de confier à Dieu le bébé qui grandissait dans son ventre. Elle a dit oui. Ce soir-là, ensemble, nous avons parlé à ses parents. Ils ont été choqués, oui, mais plus compréhensifs que Patricia l'imaginait.

Après avoir pris rendez-vous avec un excellent centre prénatal chrétien, entendu beaucoup de conseils, pris des décisions pénibles et grâce à un soutien formidable, Patricia a choisi de confier son bébé à une famille adoptive. Aujourd'hui, des années plus tard, Patricia aide d'autres mères célibataires. Elle est une épouse comblée et une chrétienne profondément engagée. Aujourd'hui, quelque part dans un foyer chrétien, un petit garçon a deux parents qui l'aiment et qui élèvent leur « Matthieu », un prénom qui signifie don de Dieu. Merci Seigneur pour Patricia. Merci Seigneur parce qu'elle a eu le courage de prendre la bonne décision et pas nécessairement la plus facile.

Une dernière réflexion. J'ai le sentiment que si Jésus était là, Il dirait : « Je suis mort pour sauver les perdus, les handicapés, les pécheurs et les bébés innocents et sans défense dans le ventre de leur mère. » Je pense qu'Il se déclarerait clairement en faveur de la protection des bébés innocents dans le ventre de leur mère, parce que, eux aussi, possèdent l'incroyable potentiel de devenir un jour des instruments du royaume de Dieu.

De grâce, ne manque pas de prendre position sur la question. Décide que l'avortement n'est pas une option pour toi. Choisis la vie.

SUJETS DE RÉFLEXION

1. Qu'est-ce qui fait de l'avortement l'issue la plus facile mais pas la plus juste ?
2. A ton avis, que pense Dieu de l'avortement ?
3. Pourquoi l'avortement est-il un sujet aussi controversé ?
4. Pourquoi la décision de Patricia de donner son bébé à Dieu et de ne pas avorter était-elle difficile ? Quelles ont été les conséquences positives de sa décision ?

ÉTAPES PRATIQUES

1. Prends la décision de choisir la vie et de te tenir aux côtés des enfants à naître innocents. Tu peux le faire (a) en refusant toujours de subir toi-même un avortement, (b) en cherchant activement à faire entendre aux gens le point de vue du fœtus et (c) en priant et en prenant soin du fardeau des mères et des pères célibataires.
2. Informe-toi sur l'avortement et familiarise-toi avec les problèmes essentiels qui entourent ce sujet controversé. Voici une source d'information :

Oui à la vie
B.P. 116
67024 Strasbourg, Cedex 1
Téléphone 03.88.39.13.20 — Fax 03.88.39.13.23

♥ TRAVAIL D'ÉQUIPE

Étude de cas : les valeurs

Suzanne a 17 ans et possède beaucoup d'atouts. Elle est intelligente et très jolie. Le travail scolaire ne lui a jamais posé de difficultés. Ses notes excellentes font d'elle une excellente candidate pour l'une des universités les plus prestigieuses. Elle rêve de devenir avocate ou parlementaire.

Suzanne est respectée par ses camarades et son amitié est recherchée. Elle est sortie avec plusieurs garçons dans son groupe de jeunes au cours des dix-huit derniers mois. Puis, Suzanne a commencé à fréquenter un jeune homme rencontré à l'église et qui faisait son service militaire. Il s'appelle Luc. C'est un garçon très sympathique qui est arrivé d'une autre région et s'est intégré dans son église. Il est seul et aime l'atmosphère positive du cercle d'amis de Suzanne, son église et sa famille.

Quelques mois plus tard, leur relation étant devenue vraiment sérieuse, Suzanne est entrée dans le bureau de son responsable de jeunes. Il était facile de deviner qu'elle avait pleuré pendant des heures. Entre deux sanglots, elle a raconté son histoire : « Luc et moi sommes allés une fois 'jusqu'au bout'. Ce mois-là, je n'ai pas été réglée mais je n'y ai pas vraiment prêté attention. Le mois suivant, je n'ai pas non plus eu mes règles et je suis allée voir un médecin. Je suis enceinte. Je l'ai dit à Luc. Il m'a donné de l'argent pour payer l'avortement et il m'a dit qu'il était muté dans une autre région et qu'il ne voulait plus jamais me revoir. Je ne veux pas le dire à ma famille. Et je ne veux pas garder un enfant qui est contraire à tout ce que je crois. Si je le gardais, je gâcherais toutes mes chances d'entrer dans une faculté de droit. »

Bien que Suzanne n'ait jamais été en faveur de l'avortement, elle a avoué à son responsable qu'elle avait pris rendez-vous pour une I.V.G. deux jours plus tard.

1. Dans la situation de Suzanne, quels facteurs ont intensifié davantage encore sa douleur ?

2. Suzanne ayant déjà pris rendez-vous pour un avortement, que cherche-t-elle auprès de son responsable de jeunes ?
3. Si vous étiez ce responsable, que diriez-vous ? Que feriez-vous ?
4. Comment les parents de Suzanne pourraient-ils réagir ? Comment leurs réactions pourraient-elles affecter Suzanne ?
5. Lisez le psaume 139.13-16. Comment ce passage se rapporte-t-il à cette étude de cas ?

18

La masturbation

Le mot « masturbation » suscite d'étranges réactions chez la plupart des gens. Pourtant, la masturbation est une expérience que la majorité a connu, mais rares sont ceux qui en parlent. Et quand des soi-disant spécialistes évoquent le sujet en public ou par écrit, ils semblent incapables de s'accorder sur sa nature bonne ou mauvaise.

Certains ne sont pas sûrs de savoir de quoi il s'agit vraiment. Techniquement, la masturbation est appelée « auto-érotisme ». « Auto » signifie « soi-même », tandis que « l'érotisme » fait référence à la « stimulation sexuelle ». Une fois ces deux termes assemblés, nous obtenons « la stimulation sexuelle par soi-même ». La masturbation est généralement le premier comportement sexuel observé chez les hommes et les femmes. Il est courant de voir de petits enfants toucher leurs organes sexuels et explorer leur corps, mais il arrive que les parents découragent une telle attitude.

Il y a environ 15 ans, je participais à un camp chrétien en tant que conseiller. Je travaillais avec huit lycéens. Au cours de l'une de nos études bibliques matinales, le sujet de la masturbation a été abordé. Avant le déjeuner, la nouvelle avait fait le tour du camp : « Jim est prêt à parler de masturbation ! » Avant la fin du repas, le directeur du camp m'avait pris à part pour me demander de quoi il avait exactement été question pendant notre étude matinale. Je lui ai dit ce que j'avais dit aux garçons dans notre local et ce que je te dis à travers ces quelques pages. Comme par hasard, avant la fin du camp, au moins 20 lycéens ont demandé à me parler en privé de leur problème. Cette expérience indique qu'il est temps de se montrer plus ouvert sur ce sujet important et d'aider les gens à affronter leur « problème » d'une manière intelligente.

Presque tout le monde s'est masturbé avant l'âge de 18 ans. Une personne n'est pas anormale si elle n'en a jamais fait l'expérience ou si elle a déjà connu cette pulsion. Les statistiques indiquent qu'au cours des 25 dernières années, beaucoup plus de filles se sont masturbées que jamais auparavant. Ainsi, j'ai lu qu'entre 50 et 80 % des filles avaient connu la masturbation. J'ai aussi entendu dire que 92 % des garçons étaient dans le même cas et que les 8 % restants étaient des menteurs. En d'autres termes, presque tous les garçons ont connu une telle expérience. Je tiens à mentionner ces statistiques parce que trop de gens pensent faire partie d'une minorité dans le monde parce qu'ils se masturbent. Ils ont tout à fait tort.

« Très bien, Jim, mais venons-en au fait : la masturbation est-elle mauvaise ? Est-ce un péché ? » Puisque je suis mis au pied du mur, je crois personnellement que toute masturbation n'est pas forcément pécheresse. Cependant, tu dois te forger ta propre opinion. Tu dois adopter une position intelligemment. Et pour ce faire, je te conseille de demander l'aide du Seigneur. Permets-moi aussi de te donner les points de vue opposés de deux personnalités chrétiennes pour t'aider à définir ton opinion.

Points de vue opposés sur la masturbation

Tout d'abord David Wilkerson dit que la masturbation n'est

pas un don de Dieu pour favoriser l'excitation sexuelle. La masturbation ne constitue pas une attitude morale et n'est pas justifiée par les Écritures... Toujours d'après Wilkerson, la masturbation n'est pas un plaisir innocent. D'un autre côté, Charlie Shedd, un spécialiste chrétien hautement respecté dans les domaines de la sexualité, qualifie la masturbation de « don de Dieu ». Il prétend qu'elle peut être un facteur positif dans notre développement global et précise que la masturbation des adolescents est préférable aux relations sexuelles entre adolescents. D'après le docteur Shedd, mieux vaut rentrer chez soi rouge de honte que satisfait mais rongé par l'inquiétude.

Mon propre point de vue se situe quelque part entre ces deux extrêmes. La masturbation est pratiquement universelle. Elle n'est pas cet horrible péché que l'on imagine, mais elle peut parfois présenter des aspects négatifs.

Les aspects négatifs de la masturbation

La masturbation expresse et incontrôlée peut être très négative. Les psychologues appellent ce type de comportement « obsessionnel compulsif », ce qui signifie qu'une personne peut devenir à ce point obsédée par la masturbation que celle-ci domine littéralement ses pensées et ses actes. Un jeune homme m'a confié qu'il se masturbait entre 10 et 15 fois par semaine et que cette expérience dominait littéralement ses pensées. Il éprouvait de lourds sentiments de culpabilité, se renfermait de plus en plus sur lui-même et craignait d'être en compagnie d'autres personnes. Son comportement obsessionnel compulsif détruisait son estime personnelle et sa relation avec Dieu et avec les autres. Nous avons dû l'aider à combattre son habitude négative et à changer de comportement.

Un autre effet négatif est le fantasme incontrôlé. Jésus nous aime de façon inconditionnelle et Il nous appelle à vivre selon des normes morales élevées. En abordant la question de la convoitise par exemple, Jésus a dit : « Vous avez entendu qu'il a été dit : Tu ne commettras pas d'adultère. Mais Moi Je vous dis : quiconque regarde une femme pour la convoiter a déjà commis adultère avec elle dans son cœur. Si ton œil droit est pour toi une occasion de chute, arrache-le et jette-le loin de toi. Car il est avantageux pour toi qu'un seul de tes membres périsse et que ton corps entier ne soit pas jeté dans la géhenne. » (Matthieu 5.27-29). Quand la masturbation mène aux fantasmes incontrôlés, Dieu l'appelle péché.

Souvent, les personnes en proie à une vie de fantasmes hyperactive consultent de la littérature pornographique, regardent des films X ou se placent constamment dans une situation susceptible de les exciter grâce à du matériel de stimulation sexuelle. Je crois que le matériel pornographique précipiterait n'importe qui sur une mauvaise pente. Je suis convaincu que ceux qui sont submergés par leurs fantasmes doivent absolument se tenir à l'écart de tout matériel pornographique. Leur problème, même s'il ne disparaît pas complètement, sera bien plus facile à contrôler.

Encore une chose. Si tu es écrasé par des sentiments de culpabilité négative et un véritable sentiment d'insécurité, ne souffre pas en silence. Bien que le sujet soit difficile à aborder, partage tes sentiments et tes questions avec une personne de confiance. Tes sentiments sont peut-être justifiés, mais il pourrait aussi s'agir de fausse culpabilité.

Les aspects moins négatifs

J'ai peur que, trop souvent des parents, des amis, des enseignants ou des pasteurs bien intentionnés n'aient fait que mettre de l'huile sur le feu en répétant aux jeunes : « Si vous vous masturbez, vous deviendrez stériles, aveugles, débiles ou homosexuels. » Ces suggestions ne sont absolument pas fondées. Peu importe l'information qui circule sur la masturbation, la plupart des médecins, des scientifiques, des psychologues et des pasteurs conviennent désormais qu'elle n'engendre aucun dommage biologique. Permets-moi de répéter ce que j'ai déjà dit précédemment : si tu l'expérimentes, tu es normal et si tu ne l'expérimentes pas, tu es également normal.

Dans l'un de ses ouvrages, le docteur Herbert J. Miles recommande un programme limité de masturbation pour les jeunes hommes qui se trouvent biologiquement à l'apogée de leurs pulsions sexuelles. Pour ces jeunes gens à ce stade de leur vie, il semble qu'une condamnation stricte de toute masturbation comme étant de nature pécheresse soit plutôt arbitraire, irréaliste et en désaccord avec le plan créateur de Dieu. Le docteur Miles souligne également la nécessité de pouvoir se maîtriser sexuellement avant le mariage. Il veut dire par là qu'un jeune homme ne doit jamais violer une autre personne pour satisfaire ses besoins sexuels. Il doit s'appuyer sur les éjaculations nocturnes (les rêves humides) et la sublimation et il peut, si nécessaire, recourir à un programme limité et temporaire de masturbation.

Il faut considérer qu'à l'heure actuelle, la population occidentale a tendance à se marier plus tard. Cette tendance est dite positive parce que la plupart des mariages entre adolescents ne tiennent pas le coup. Seulement, la majorité des gens attendant plus longtemps, leur énergie sexuelle doit aussi être mise en veilleuse plus longtemps. Il me semble qu'une masturbation limitée soulage la tension sexuelle et ne soit pas aussi nuisible qu'on avait coutume de le croire. J'ai le sentiment que nous avons exagérément dramatisé la question. Nous avons ainsi engendré trop de culpabilité et nous avons rarement mentionné le sujet sauf de façon négative.

Pour être tout à fait honnête, en tant que chrétien, je voudrais que la Bible nous donne une réponse claire. Mais ce n'est pas le cas. La Bible n'aborde tout simplement pas la question. Malgré mon désir de t'apporter LA réponse, j'en suis incapable, car il n'en existe pas d'unique. Tu dois réfléchir à la question toi-même ou avec l'aide d'une personne de confiance. L'épître de Jacques apporte à cet égard un conseil précieux : « Si quelqu'un d'entre vous manque de sagesse, qu'il la demande à Dieu qui donne à tous libéralement et sans faire de reproche, et elle lui sera donnée. » (Jacques 1.5). Que Dieu t'aide à prendre une décision qui Le glorifie. Souviens-toi, Il a créé ta personnalité, mais aussi ton identité sexuelle !

♥ SUJETS DE RÉFLEXION

1. A ton avis, pourquoi les gens évitent-ils le sujet de la masturbation ?
2. Si une personne connaît un problème de masturbation, à qui peut-elle s'adresser pour en discuter sérieusement et confidentiellement ?
3. Jim a évoqué les fantasmes incontrôlés. Comment peuvent-ils être négatifs ?
4. Penses-tu que Jim a eu raison ou tort d'aborder la question de la masturbation avec les lycéens pendant le camp chrétien ? Penses-tu que les adultes devraient parler ouvertement avec les adolescents de la sexualité et des questions qui s'y rapportent ?

♥ ÉTAPES PRATIQUES

1. D'après ce chapitre et les autres informations que tu as peut-être reçues sur le sujet, forge-toi ta propre opinion sur la question de la masturbation. Quels sont les arguments pour ou contre la masturbation ? Dans quel contexte peut-elle poser un problème ?

2. Quel est ton avis sur la question ? La Bible ne donnant aucune réponse précise sur la masturbation, il se pourrait qu'il ne s'agisse pas d'une question cruciale pour Dieu. Considère par exemple, l'attention accordée par la Bible à l'idolâtrie, au meurtre, à la sexualité avant le mariage et à la médisance ! Cependant, Dieu veut que tu sois un chrétien utile et qui progresse dans sa foi et tout ce qui t'empêche de poursuivre ce but doit être évité. Si la masturbation t'empêche de grandir en Lui, tu dois faire quelque chose à ce propos. Veille à décider pour toi-même ce que tu devrais faire. Fonde ta décision sur la prière et sur ce que tu sais du Seigneur et de sa volonté pour ta vie.

♥ TRAVAIL D'ÉQUIPE

Au cours de ce chapitre, trois points de vue ont été donnés sur la masturbation : ceux du docteur Miles, du docteur Shedd et de David Wilkerson. Pensez-vous que l'un de ces trois points de vue soit davantage conforme aux principes généraux des Écritures que les deux autres ? Discutez en groupe des arguments en faveur et en défaveur de chaque point de vue.

Docteur Miles	Docteur Shedd	David Wilkerson

19

Le sida

Jerry Arterburn a grandi dans une petite ville du Texas. Il avait deux frères plus âgés que lui et de merveilleux parents. Toute la famille était active dans leur petite église locale. En grandissant, Jerry a envisagé sérieusement d'entrer dans le ministère. Il avait déjà prêché plusieurs fois et avait été responsable de son groupe de jeunes. Un jour, Jerry a connu une expérience homosexuelle. Il n'avait jamais vraiment envisagé que cela puisse lui arriver. Il avait eu plusieurs petites amies et pourtant, c'est arrivé. Finalement Jerry a décidé d'adopter l'homosexualité pour style de vie. Il éprouvait une immense culpabilité en faisant constamment la bringue, en passant d'un bar à l'autre, dans la plus grande promiscuité. Sa vie est devenue de plus en plus misérable. Il a fini par reprendre ses esprits et par rechercher la foi de son enfance. Jerry a eu le courage de renoncer à sa vie de promiscuité et de péché pour revenir au Seigneur. Il a trouvé une petite amie. Les choses tournaient bien pour Jerry.

Au début, quand il a commencé à être si souvent malade, il a supposé qu'il s'agissait d'un mauvais virus. Les médecins ne pouvaient déterminer ce qui n'allait pas. Puis, le verdict est tombé, ce même verdict qui vient à l'esprit de toute personne ayant connu l'homosexualité ou mené une vie de promiscuité hétérosexuelle. Jerry Arterburn avait le sida. C'est vrai, Jerry était revenu au Seigneur et il avait changé de vie, mais le virus du sida dormait en lui depuis l'époque de son homosexualité. Jerry a combattu le sida pendant plusieurs années. Sa foi chrétienne des plus solides et l'amour de sa famille et de ses amis l'ont fortifié jusqu'au bout, mais le sida tue et Jerry n'a pas fait exception. Son enterrement fut un mélange de joie à cause de sa relation avec Dieu et de peine parce que Jerry fut une victime de plus de cette terrible maladie.

Le sida dans les grandes lignes

Le sida est causé par un virus qui attaque et finit par détruire le système immunitaire humain. Le mot sida est formé par la première lettre de chacun des quatre termes qui composent le nom scientifique de la maladie : le Syndrome d'Immuno-Déficience Acquise.

Acquise signifie qu'une personne contracte la maladie pendant sa vie. Dans le cas du sida, la plupart des adolescents acquièrent le virus dans le cadre de leur activité sexuelle.

Immuno indique que le sida s'attaque au système immunitaire humain. Ton système immunitaire englobe l'ensemble des moyens de défense de ton corps contre des maladies telles que les infections et les cancers.

Déficience signifie que le sida détruit ou affaiblit le système immunitaire. Quand des dégâts suffisants sont opérés, le malade n'est plus en mesure de lutter contre les autres maladies et finit par mourir.

Syndrome est un terme médical qui se réfère à un groupe de symptômes médicaux.

Le virus du sida pénètre dans le corps de deux façons principales : par le contact sexuel intime ou par la consommation de drogue par voie intraveineuse. Environ 70 % des cas de sida sont dus à un contact sexuel intime et environ 20 % sont liés à l'utilisation d'une aiguille pour injecter de la drogue directement dans le corps.

Bien que la plupart des porteurs du sida soient homosexuels, les statistiques connaissent une certaine évolution. Deux facteurs semblent nécessaires pour qu'une personne infectée par le virus du sida le transmette à une autre. D'abord, la personne infectée doit transmettre à la personne saine un fluide corporel qui contient le virus. Ce dernier a été détecté dans le sang, les sécrétions sexuelles et la salive. Ensuite, le fluide corporel contenant le virus doit pénétrer dans le corps de l'autre personne. Ceci peut se produire à travers une coupure, une petite égratignure ou une muqueuse. Fondamentalement, les autorités affirment que le contact sexuel intime avec un partenaire porteur du virus est et restera le mode de transmission principal du sida.

Bien que les pourcentages soient faibles, le sida peut aussi être transmis de quelques autres façons. Une mère sidéenne peut infecter son enfant pendant la grossesse ou l'allaitement. De même, certains membres du personnel médical ont été infectés par le sida suite à une piqûre d'aiguille, qui se produit lorsque les médecins et les infirmiers se piquent accidentellement avec une aiguille souillée par le sang d'un malade du sida. Enfin, les transfusions sanguines avec du sang infecté par le sida sont actuellement responsables d'environ 3 % de l'ensemble des cas de maladie.

La raison pour laquelle je prends le temps de définir le sida dans les grandes lignes est que beaucoup d'étudiants ne disposent pas encore d'informations correctes. Soit ils sous-estiment le risque en se disant que cela n'arrive qu'aux autres, soit ils s'effraient exagérément en pensant par exemple pouvoir contracter le sida à la piscine ou dans des toilettes publiques.

Informe-toi sur le sida

Souviens-toi, pour ne pas attraper le sida, évite tout contact sexuel intime.

Aujourd'hui, avoir des relations sexuelles avant le mariage constitue le plus grand risque de contamination par le sida. Tous ceux qui ont des relations sexuelles avant le mariage n'attraperont pas le sida mais, de toute évidence, plus une personne multiplie les partenaires sexuels et plus elle court le risque de contracter la maladie. Dans certaines salles de classe aujourd'hui, tu entendras parler de « sexualité sans danger ». Je m'exprimerai franchement en te disant que la sexualité sans danger n'existe pas. En réalité, les habitudes d'une « sexualité sans danger » ne protègent pas toujours l'individu. Elles échouent pour de nombreuses raisons. Avant tout, il se peut que la personne ne fasse pas tout ce qu'il faut exactement au bon moment en matière de protection. L'alcool et la drogue peuvent affecter le jugement et amener la personne à commettre des erreurs. Il existe aussi des échecs que personne ne peut contrôler. Aucun moyen de contraception ne peut protéger quelqu'un à 100% contre le virus du sida.

Si tu entends parler de « sexualité sans danger », rappelle-toi l'exemple suivant. Si tu devais prendre un revolver et placer une seule balle dans un barillet prévu pour six, puis pointer l'arme contre ta tempe et appuyer sur la détente, tu courrais moins de risques qu'en ayant placé cinq balles dans le barillet. Le risque est inférieur, mais tu peux difficilement prétendre que cet exercice est « sans danger ». La plus sûre des attitudes consiste à s'abstenir.

Avant de clôturer ce chapitre, nous devons évoquer une fois de plus la question des drogues. L'un des modes de transmission les plus efficaces de la maladie est l'injection de drogue avec une aiguille « souillée ». Les drogués partagent souvent leurs seringues. Il peut subsister un peu de sang sur l'aiguille et il est possible alors de contaminer son propre sang avec le sang infecté de cette personne.

L'autre problème posé par les drogues et l'alcool est l'altération profonde de tout jugement. Tu peux faire des choses stupides en état d'ivresse et sous l'effet de drogues. Une seule erreur suffit. Avec le sida, une seule fois peut être une fois de trop.

♥ SUJETS DE RÉFLEXION

1. Pourquoi est-il si important d'être correctement informé sur le sida ?
2. Si une personne choisit l'abstinence sexuelle avant le mariage, comment peut-elle contracter le sida ?
3. A ton avis, pourquoi un chapitre sur le sida doit-il évoquer la consommation d'alcool et de drogue ?
4. Que peuvent faire les chrétiens pour les sidéens ?

♥ ÉTAPES PRATIQUES

1. Si tu as déjà eu des contacts sexuels ou utilisé une seringue pour prendre de la drogue, passe sans attendre un test de dépistage du sida. Plus tôt le virus est détecté, plus les soins seront efficaces. Certains ont choisi de mourir précocement à cause de l'embarras que représente le test. Si tu as eu des contacts sexuels ou utilisé une seringue pour prendre de la drogue, le test peut rester anonyme. Tu n'as pas besoin d'un accord parental pour passer le test.
2. Porte-toi volontaire pour aider les malades du sida. De toute évidence, les sidéens connaissent de grands besoins. Voilà l'occasion de manifester l'amour de Dieu. Beaucoup d'excellents organismes recherchent des bénévoles pour faire la lecture, rendre visite aux malades du sida, se promener avec eux ou subvenir à leurs besoins matériels. Vois avec ton pas-

teur ou ton responsable de jeunes ce que tu peux faire dans ton quartier.

♥ TRAVAIL D'ÉQUIPE

Le sida : malédiction ou conséquence naturelle ?

Divisez le groupe en deux et débattez la question du sida en partant des affirmations suivantes :

1. Le sida est une malédiction de Dieu ou une conséquence naturelle dans notre monde déchu.
2. Les victimes du sida ne devraient pas être autorisées à vivre en public ou les victimes du sida devraient jouir de toutes les libertés garanties aux autres.
3. Un médecin porteur du sida devrait cesser d'exercer immédiatement ou un médecin porteur du sida jouit des mêmes droits que ses confrères.
4. Un enseignant qui a le sida devrait cesser d'enseigner ou un enseignant qui a le sida peut continuer à enseigner tant que son état de santé le lui permet.
5. L'homosexualité est un péché pire que l'adultère et la fornication ou l'homosexualité ne diffère pas de l'adultère ni de la fornication.

20

Les maladies vénériennes

Les maladies vénériennes sont également appelées maladies sexuellement transmissibles ou MST. Leur mode de transmission étant principalement sexuel, la plupart d'entre nous tentent d'oublier leur existence. Les maladies vénériennes englobent donc toutes les infections transmises au cours d'un rapport sexuel. Chaque année, on estime à environ 800 000 cas le nombre de MST en France (sida exclu). Or, les adolescents et les jeunes (15 à 24 ans) constituent les deux groupes à plus haut risque pour ces maladies. Je crois dès lors qu'il est important que chacun, actif sur le plan sexuel ou non, comprenne les maladies vénériennes, leurs symptômes et leur traitement.

La blennorragie

La blennorragie (également appelée chaude pisse ou urétrite) est la plus courante des maladies vénériennes. Fondamentalement, le seul mode de transmission de cette maladie est le contact sexuel. L'une des caractéristiques les plus dangereuses de la blennorragie lui a valu d'être baptisée « la maladie silencieuse » : la personne qui vient de la contracter peut ne manifester aucun symptôme majeur. Un individu peut vivre des années en ignorant souffrir de cette maladie. Entre temps, son organisme subit de graves dommages.

Généralement, cependant, des symptômes apparaissent. Deux à sept jours après un contact sexuel avec un malade, une femme peut constater des pertes vaginales et éventuellement des brûlures urinaires et un cycle perturbé. Chez les hommes, les symptômes incluent une sensation douloureuse et brûlante au moment d'uriner et des écoulements désagréables au niveau du pénis.

Il existe un traitement contre la blennorragie. La pénicilline peut guérir la maladie pour autant que celle-ci soit détectée dans les premiers stades. Par contre, en l'absence de traitement, une personne peut devenir stérile (incapable d'avoir des enfants) à cause des dégâts provoqués à l'urètre (le canal qui achemine le sperme) ou aux trompes de Fallope. La blennorragie peut aussi provoquer de l'arthrite, une méningite et des troubles cardiaques. Une autre conséquence dramatique de cette maladie est qu'elle peut provoquer la cécité d'un bébé innocent, dès la naissance. Il ne s'agit pas ici d'une tactique visant à t'effrayer, mais bien de faits médicaux avérés !

La syphilis

La syphilis est une maladie dangereuse. Dans les maladies sexuellement transmissibles, elle se classe parmi les principales tueuses. Si elle n'est pas traitée au cours du premier ou du second stade, la syphilis peut provoquer des infections qui affecteront le cœur, le cerveau et la moelle épinière, causant de graves dégâts dans le corps.

Fondamentalement, la syphilis opère en trois phases. Les

premiers symptômes apparaissent généralement entre 10 et 90 jours après le contact responsable de la transmission. Généralement, un ulcère indolore apparaîtra sur le pénis dans le vagin ou à la vulve. Il disparaîtra après quelques semaines. La seconde phase se manifeste habituellement de deux à six mois après le contact par un urticaire généralisé sur tout le corps, et éventuellement par quelques plaies sur les organes génitaux. Malheureusement, quand la maladie atteint le troisième stade (souvent 15 à 25 ans après avoir été contractée), elle est difficile à traiter. Elle peut envahir le système nerveux, provoquer la paralysie et finalement la démence. Cécité, articulations enflées et paralysie sont également possibles à un stade avancé de la maladie.

L'herpès génital

A l'heure actuelle, il n'existe aucun traitement contre l'herpès génital. Dans les trois semaines qui suivent le contact sexuel avec un partenaire infecté, une personne développe des espèces d'ampoules (ou vésicules) autour de ses organes génitaux. Le malade peut alors souffrir de douleurs urinaires, de fatigue et d'un gonflement de l'aine. Les ampoules éclateront et suinteront après quelques jours et les symptômes disparaîtront. Ce qui ne signifie pas qu'ils ne surgiront pas à nouveau. Régulièrement, les ampoules et certains autres signes se manifesteront, souvent de façon indolore. Les médecins tentent désespérément de trouver un traitement, mais ils sont seulement en mesure actuellement de réduire la douleur et de prévenir une infection secondaire.

Comme tu peux le constater et contrairement à ce que tu as peut-être entendu dire, les maladies vénériennes sont graves. Si tu présentes le moindre symptôme d'une MST, consulte immédiatement un médecin. Je sais que cette démarche est embarrassante mais les maladies ne disparaissent pas comme par enchantement. En France, le nombre de cas déclarés de maladies vénériennes est largement inférieur au nombre de cas réels. Certains malades ne prêtent peut-être pas attention aux symptômes, mais beaucoup d'entre eux craignent simplement d'avouer ce dont ils souffrent. Ils espèrent et espèrent encore que ces symptômes disparaîtront et courent donc le risque de connaître de graves conséquences physiques.

Dans la société moderne, il est facile de tomber dans une certaine promiscuité sexuelle. Certains ont à ce point désespérément besoin d'attention qu'ils passent d'un lit à l'autre. Étant donné que le nombre de MST a atteint des proportions semblables à celles d'une épidémie, ces gens jouent avec le feu, mettant littéralement leur vie en danger.

Un jeune marié appelé Vincent a consulté une infirmière pour connaître les derniers progrès dans le traitement de l'herpès. Dans un excellent ouvrage sur la sexualité, destiné aux adolescents, l'infirmière, madame Olsen, a retranscrit leur entretien. Lis attentivement le triste commentaire de Vincent et considère les conséquences dévastatrices de la maladie pour son épouse et pour lui.

> Vincent est venu me consulter sur les derniers progrès réalisés dans le traitement de l'herpès. « J'ai attrapé cette maudite maladie à l'université et je n'ai jamais pu m'en débarrasser. Chaque mois, j'attrape des ampoules, puis elles disparaissent, pour revenir un peu plus tard. Je n'étais pas trop inquiet jusqu'à la dernière visite médicale de ma femme pour son bilan annuel. Le médecin a voulu recommencer le frottis vaginal parce que le premier test avait révélé une modification des cellules du col de l'utérus. Il a précisé que des cancers du col pouvaient être provoqués par le virus de l'herpès et il lui a également recommandé de ne plus avoir d'enfant. Nous n'avons qu'un enfant et je suis mort de peur, sans parler des dégâts occasionnés à notre mariage. Si seulement j'avais pu connaître les conséquences de mon insouciance sur le plan sexuel quand j'avais 19 ans ! Aujourd'hui, ma femme et moi pourrions vivre le plus heureux des mariages... Seulement voilà, ces moments de plaisir étaient insensés et leurs conséquences sont irréversibles. »

La plupart des gens refusent de penser aux maladies vénériennes et ils refusent en particulier d'envisager qu'elles puissent les toucher. Pourtant, les statistiques nous prouvent que les MST continuent à proliférer. Elles ne disparaîtront pas simplement parce que les gens le souhaitent. En outre, les jeunes actifs sur le plan sexuel aujourd'hui ont besoin de connaître tous les faits liés aux maladies vénériennes parce qu'ils courent le plus grand risque de les contracter. L'un de mes jeunes amis qui souffre de blennorragie m'a confié : « Je n'ai jamais pensé que je pouvais l'attraper. Je pensais que ce genre de maladie ne touchait que les personnes de mauvaise vie. Je crois qu'aucun contact sexuel ne vaut toute cette douleur et cette humiliation. » N'oublie pas, les maladies vénériennes ne font aucune distinction entre les personnes.

♥ SUJETS DE RÉFLEXION

1. A ton avis, les étudiants sont-ils suffisamment informés sur les MST ?
2. A l'école, les jeunes parlent-ils jamais des maladies vénériennes ?
3. Que penses-tu de la sexualité vécue en toute insouciance ?
4. Penses-tu que l'absence de tout traitement contre l'herpès génital peut pousser certaines personnes à éviter d'avoir des rapports sexuels en toute insouciance ?

♥ ÉTAPES PRATIQUES

1. Les maladies vénériennes sont généralement provoquées par le contact sexuel ordinaire. Engage-toi aujourd'hui à ne jamais avoir de rapports sexuels en toute insouciance. Ce comportement est contraire aux normes de Dieu et étant donné l'augmentation des maladies vénériennes et du sida, il est bien trop dangereux de risquer une vie entière de douleur pour un moment de plaisir.
2. Note plusieurs raisons d'éviter tout contact sexuel avant le mariage.

♥ TRAVAIL D'ÉQUIPE

Les maladies vénériennes : aspect malheureux mais naturel d'un monde déchu ou malédiction de Dieu ?

A débattre : Certains pensent que les maladies vénériennes sont un aspect malheureux mais naturel de notre monde déchu. D'autres pensent qu'elles sont une punition de Dieu contre ceux qui osent vivre dans la promiscuité sexuelle. Ils invoquent l'apparition occasionnelle d'une nouvelle forme de maladie vénérienne pour valider leur argumentation. Qu'en pensez-vous ? Citez les arguments pour et contre chacun de ces points de vue.

Aspect naturel d'un monde déchu (arguments)	Malédiction de Dieu (arguments)

21

L'homosexualité

Quand Nicolas a rejoint notre club de jeunes il y a plusieurs années, tous l'ont immédiatement apprécié et accepté. Il était facile de l'aimer : il était amusant, extraverti, sportif et intelligent, et il éprouvait le désir sincère de grandir dans sa foi chrétienne toute nouvelle. Je me demande si les jeunes l'auraient si bien accepté s'ils avaient su, comme moi, qu'il était homosexuel. Je sursautais parfois quand l'un des adolescents du groupe racontait une blague sur les « pédés » ou adoptait une démarche efféminée en agitant son poignet d'un air ridicule. Je me surprenais alors à jeter un coup d'œil furtif vers Nicolas. Il ne montrait jamais qu'il en était blessé, mais il me le confirmait toujours.

Nicolas et moi avons parlé pendant des heures entières de ses sentiments à propos de son homosexualité et de sa foi. Ce qui nous amène à nous poser une bonne question : une personne peut-elle être à la fois homosexuelle et chrétienne ? Je crois que toute immoralité sexuelle est un péché. Les hétérosexuels qui ont des relations sexuelles avant le mariage pèchent tout autant qu'un homosexuel. Bien que la Bible qualifie l'homosexualité de péché, dans le même passage, elle décrit l'envie, la tromperie et la médisance comme des attitudes tout aussi répréhensibles que l'acte homosexuel (Romains 1.26-32).

Toute discussion sur l'homosexualité est complexe. Mais commençons par le fait que tous les homosexuels sont aimés de Dieu. Il ne se réjouit pas de l'acte homosexuel, mais Il aime sans aucun doute les homosexuels. Tous les chrétiens devraient aimer les homosexuels de manière inconditionnelle, non pas pour ce qu'ils font ou ne font pas, mais bien pour qui ils sont. Ils sont aimés par notre Seigneur tout autant que les hétérosexuels.

Qui est homosexuel ?

Beaucoup se sentent confus à ce propos, notamment parce qu'ils peuvent avoir connu une expérience homosexuelle dans leur vie et pensent qu'ils pourraient être homosexuels. De nombreux jeunes, peut-être même la plupart, connaissent ce que l'on pourrait appeler une expérience homosexuelle. Les enfants, par exemple, sont curieux, jouent « au docteur » et s'aventurent dans divers types de découvertes. Si cela t'est arrivé, cela ne signifie pas pour autant que tu sois homosexuel. Cela signifie que, comme des millions d'autres avant toi, tu as eu une expérience infantile normale. Même à l'adolescence, si tu as connu quelques expériences homosexuelles, elles n'impliquent pas forcément que tu es homosexuel. Un homosexuel est une personne qui entretient une activité sexuelle soutenue avec d'autres individus du même sexe et/ou se sent avant tout attiré par une personne du même sexe qu'elle. Une personne attirée par les deux sexes est dite bisexuelle.

Ce qui provoque l'homosexualité

Il subsiste beaucoup d'inconnues. Certains spécialistes pensent que l'homosexualité possède une origine génétique. D'autres suggèrent qu'elle provient d'un déséquilibre hormonal. Quelques chercheurs soutiennent fermement que l'homosexualité est provoquée par un environnement négatif, peut-être une mère excessivement dominatrice ou l'image d'un père trop effacé. En réalité, personne ne connaît la cause exacte de l'homosexualité et je suis certain que la réponse consiste probablement en une combinaison de tous les facteurs qui viennent d'être mentionnés.

Quoi qu'il en soit, une chose est claire. Si tu es homosexuel, tu n'es pas nécessairement fautif, mais j'aime les propos de Tim Stafford à ce sujet : « La condition t'a été donnée, mais tu es responsable de ta réaction. »

Beaucoup d'homosexuels rendent des facteurs extérieurs responsables de leur comportement. Je comprends leur logique et je souffre pour eux, mais je suis d'accord avec Stafford. La personne homosexuelle est responsable de son comportement sexuel. J'ai rencontré des gens qui auront probablement des tendances homosexuelles pendant toute leur existence. Ils sont parfois semblables à des alcooliques : alcooliques un jour, alcooliques toujours, même s'ils ne donnent pas libre cours à leur passion. Beaucoup de chrétiens qui éprouvent une tendance homosexuelle ont cependant choisi de réfréner tout acte homosexuel. Le péché réside dans l'acte et non dans la « tendance ».

La plupart des hétérosexuels ne comprennent pas la condition des homosexuels. Ils songent avec répugnance aux pratiques homosexuelles. Pourtant, en tant que chrétiens, nous devons adopter la position biblique de l'amour inconditionnel envers les homosexuels. Je crois également qu'il est important pour nous de comprendre ce problème parce que, dans notre société, nous serons de plus en plus confrontés à des personnes plongées dans une grande confusion quant à leur sexualité.

Les homosexuels ont besoin de conseils

Si tu penses être homosexuel, cherche à être conseillé. Plus tu attendras, plus tu éprouveras des difficultés à comprendre ton identité sexuelle. Vois un conseiller à qui tu peux faire pleinement confiance et partage tes pensées les plus intimes avec lui. Tu n'es pas un monstre ! Beaucoup partagent ta confusion. Encore un conseil : quand tu te sens perdu ou blessé, ne prends ni alcool, ni drogue. Beaucoup de ceux qui remettent leur sexualité en question se tournent vers la bouteille, les pilules ou la marijuana pour « surmonter » le problème. Cette « solution » ne fonctionne pas, elle ne fait généralement que démultiplier les problèmes.

T'ayant encouragé à consulter quelqu'un, je veux ajouter une chose très importante. Si tu veux changer, je crois que tu peux réussir. Avant tout, il faut un grand désir de changement. Puis, il te faudra faire appel à la puissance surnaturelle de Dieu dans ta vie pour t'apporter le soutien supplémentaire dont tu auras besoin. Implique-toi dans une église, lis la Bible et prie chaque jour. Enfin, trouve un conseiller avisé qui t'écoutera, se souciera de toi et te demandera des comptes sur ta décision de changer. Il est également important de t'écarter de ceux qui ont exercé une mauvaise influence sur toi et de t'intégrer dans un nouveau cercle d'amis qui auront un impact positif sur toi. Trouve des amis qui aiment la vie et te mettront au défi d'être tout ce que Dieu veut que tu sois. Je te recommande fortement de t'attacher à des chrétiens et de devenir actif dans ton église.

Une note d'espoir

Permets-moi de clôturer ce chapitre sur une note d'espoir. Carl avait 16 ans et, bien que très timide, il se montrait très actif dans mon groupe de jeunes. Un jour, pendant un camp, il m'a confié qu'il pensait être homosexuel. Il avait connu plusieurs relations « homosexuelles » au cours des deux dernières années et il souffrait d'une insatisfaction et d'une culpabilité profondes. Il voulait changer, mais se sentait prisonnier de son style de vie homosexuel. Il m'a demandé de l'aider.

Carl éprouvant le profond désir de changer, j'ai soutenu son aspiration et je me suis assuré qu'il reçoive le suivi approprié d'un conseiller spécialisé. Pour le soutenir, je l'ai accompagné lors de son premier rendez-vous. Bien que ces séances d'accompagnement soient quelque peu douloureuses pour Carl, elles ont également changé sa vie. Il a déménagé dans une autre région, mais il a continué à voir un conseiller et s'est impliqué activement dans sa nouvelle église. Aujourd'hui, Carl est marié et père d'un petit enfant. Il dit : « Dieu a utilisé l'accompagnement et le puissant soutien d'amis chrétiens et de mon église pour me libérer de mon esclavage. »

♥ SUJETS DE RÉFLEXION

1. Crois-tu qu'être homosexuel est un péché ? Pourquoi ?
2. Que ferais-tu si l'un de tes amis t'avouait son homosexualité ?
3. Peut-on être homosexuel et chrétien ?
4. Penses-tu qu'il soit correct de se moquer des homosexuels ? Pourquoi ?

♥ ÉTAPES PRATIQUES

1. Prends dès à présent la décision de ne jamais te moquer des homosexuels. La pensée de relations homosexuelles peut te révulser, mais tu n'aideras jamais un homosexuel à changer

avec des blagues, des commentaires humiliants ou un manque d'amour.

2. Si l'un de tes amis est homosexuel, efforce-toi de le convaincre de rencontrer un conseiller chrétien qui pourra l'aider à affronter les problèmes en cause. Si tu encourages quelqu'un à chercher de l'aide et que cette personne reçoit effectivement le soutien nécessaire, tu auras été utilisé par Dieu d'une façon fantastique.

♥ TRAVAIL D'ÉQUIPE

Étude de cas : Patrick

Patrick est l'un de tes meilleurs amis. Il ne semble pas du tout anormal. Il aime les voitures, le sport et est activement engagé avec toi dans le groupe de jeunes de l'église. Un soir, pendant un camp, Patrick et toi avez une conversation très sérieuse. Patrick t'avoue qu'il pense être homosexuel. Il te confie qu'il a connu deux expériences homosexuelles avec un voisin plus âgé et qu'il se sent désormais vraiment perdu. Il ignore s'il est homosexuel ou hétérosexuel. Il te demande tes conseils et ton amitié.

Débattez en groupe de ce que vous diriez et feriez.

22

La pornographie

Éric est un adolescent populaire et dynamique dans son église et son lycée. Il a plus d'amis que quiconque à ma connaissance et il possède des parents fantastiques. Éric est accro à la pornographie.

Tout a commencé le plus innocemment du monde. Éric passait la soirée chez l'un de ses meilleurs amis. Ce dernier lui a montré une pile d'anciens magazines porno appartenant à son père. Éric a regardé chaque photo et a connu une excitation d'une intensité qu'il avait rarement expérimentée auparavant. Son esprit n'a cessé de repasser ces images dans sa tête pendant des semaines. Éric fantasmait souvent sur ces photos pendant les cours et, quelques semaines plus tard, il a volé un magazine porno au supermarché du coin. Son appétit pour la pornographie s'est intensifié au fil des années. Son vocabulaire est devenu vulgaire et il a eu des relations sexuelles avec deux filles. Parallèlement, il demeurait très actif dans son groupe de jeunes. Il m'a avoué plus tard : « J'avais l'impression de mener une double vie. Je voulais être un bon chrétien. Mais il se passait rarement une semaine sans que je visionne du matériel pornographique. »

Ce qui avait commencé par un coup d'œil innocent sur un numéro de Play-boy n'a pas tardé à se transformer en une soif insatiable pour la pornographie de nature particulière. Éric est passé de ce que l'on appelle la pornographie « douce » à la pornographie « dure ». Il a fini par être effrayé en constatant que la pornographie enfantine (des enfants impliqués dans des actes sexuels avec des adultes ou d'autres enfants) lui procurait une certaine excitation.

Extérieurement, Éric avait tout du jeune chrétien fidèle. Mais intérieurement, il menait une double vie. Éric a finalement compris qu'il avait besoin d'aide. Aujourd'hui, grâce au soutien d'un conseiller, de sa famille, de ses amis et de Dieu, il brise sa puissante dépendance envers la pornographie.

Le cas d'Éric est-il hors du commun ? Je crains que non :

99 garçons sur 100 ont déjà regardé des photos ou tout autre matériel pornographique.

9 filles sur 10 disent avoir déjà vu de la pornographie.

Autrement dit, si tu n'y prends pas garde, la pornographie peut te séduire très insidieusement et ne pas laisser ton esprit oublier les images que tu y as placées.

Il est certain que la plupart des gens ont envie de consulter un magazine pornographique ou de visionner un film. Le fait d'avoir regardé des photos ou un film de ce genre ne fait pas de toi un pervers. Mais l'obsession constante et soutenue envers le matériel pornographique peut s'avérer dangereuse.

Au sujet des tortures, des perversions sexuelles et des meurtres, un ancien inspecteur de police a dit : « Dans tous les cas de meurtres enregistrés dans l'histoire de notre service, le meurtrier était un lecteur assidu de magazines lubriques. »

Un commissaire de police dans une autre ville a déclaré : « Notre ville connaît beaucoup de délits de perversion sexuelle comme des attentats à la pudeur sur des enfants ou des outrages publics. Nous constatons que la plupart de ces malades consultent du matériel pornographique et se dévoilent souvent devant les enfants pour tenter de stimuler une certaine excitation sexuelle chez leurs jeunes victimes. »

La pornographie n'est qu'un pâle substitut de la sexualité créée par Dieu. Elle traite les êtres humains comme des objets sexuels. La pornographie amène les individus à se sentir souillés et mal à l'aise face à leur sexualité. Or, cette dernière est un don de Dieu. La sexualité n'est absolument pas cette chose perverse et souvent relativement obscène que nous dépeignent tant de livres et de magazines.

Les effets de la pornographie

Beaucoup d'étudiants ont plongé dans la pornographie bien plus profondément qu'ils ne l'auraient jamais imaginé. Certains ne comprennent pas vraiment à quel point les effets de leurs mauvaises habitudes sont néfastes. Les spécialistes nous exposent plusieurs des effets négatifs provoqués par la consultation régulière de matériel pornographique. Je voudrais me concentrer sur deux des plus courants parmi les adolescents.

Une vision faussée de la sexualité

Les gens qui visionnent fréquemment du matériel pornographique ne voient plus rien d'autre en la sexualité que de la convoitise. Chaque ingrédient de l'amour est remplacé par une vision dégradante et nuisible de la sexualité. Bien trop souvent, la pornographie exploite et déshumanise les femmes et les enfants, faisant d'eux des instruments sans âme destinés à satisfaire la convoitise masculine. Les enfants sont abusés mentalement, émotionnellement, physiquement et spirituellement pour répondre aux besoins égoïstes de pédophiles. Les femmes et les enfants, en cas de maltraitance et de rejet, conservent des cicatrices indélébiles pendant le reste de leur vie.

Les personnes adeptes de la pornographie commencent à tolérer et à vulgariser des comportements sexuels malsains. Je crois qu'il est absolument impossible d'alimenter régulièrement son esprit de pornographie tout en conservant une vision chrétienne saine de la sexualité. L'exposition à la pornographie rend les gens beaucoup plus propices à croire que les plus grands des plaisirs sexuels se vivent en dehors des liens du mariage.

La culpabilité et la honte

Quand Éric m'a parlé de son obsession pour la pornographie, il était submergé par une culpabilité et une honte intenses. Il commençait à s'isoler et à s'écarter de sa famille, de ses amis et de son église. Je suis convaincu que si Éric avait persisté dans son style de vie et était resté esclave de la pornographie, il aurait fini par ne plus se sentir coupable. La Bible dit de ces personnes : « Ils ont perdu tout sens moral, ils se sont livrés au dérèglement, pour commettre toute espèce d'impureté jointe à la cupidité. » (Éphésiens 4.19).

Je vais être très clair. La pornographie est très dangereuse. Nous ne pouvons pas considérer ce sujet à la légère. La puissance d'une image pornographique est dévastatrice. Un médecin cite quelques faits importants concernant la pornographie :

1. La pornographie détruit l'image de Dieu en l'homme. Après tout, nous avons été créés à l'image de Dieu.

2. La pornographie crée une dépendance. Elle s'enroule subtilement autour de celui qui la consomme et finit par l'enchaîner à jamais.

3. La pornographie est contraire aux principes chrétiens. Elle se moque ouvertement des préceptes chrétiens les plus précieux. Elle déprécie des thèmes comme la fidélité conjugale, la moralité et l'engagement envers le Christ. Voici ce que les Écritures disent : « Ne vous y trompez pas : ni les débauchés, ni les idolâtres, ... n'hériteront le royaume de Dieu... Mais le corps n'est pas pour l'inconduite. Il est pour le Seigneur, et le Seigneur pour le corps. » (1 Corinthiens 6.9-13).

4. La pornographie est anti-sexuelle. Elle promeut la satisfaction sexuelle en l'absence d'amour, la sexualité sans responsabilité, l'union sans l'obligation d'en assumer les conséquences et encourage le privilège de l'accouplement sexuel sans se sou-

cier de ses impacts personnel et physique immédiats, ni de ses répercussions éternelles prévues par Dieu à l'origine.

Si tu t'es adonné à la pornographie, j'espère que ce chapitre t'a ouvert les yeux sur les méfaits et les conséquences de ce style de vie. Tu dois renoncer sans attendre à l'habitude de consulter du matériel pornographique. A l'instar d'un alcoolique en phase de guérison, incapable même de supporter une gorgée de vin sans replonger dans l'alcoolisme, tu dois décider de cesser tout comportement axé autour de la pornographie. Prends note des étapes suivantes :

Première étape : Aujourd'hui même, prends l'engagement devant Dieu de ne plus jamais regarder un magazine ou un film porno.

Demande à Dieu de débarrasser ta mémoire de toutes ces images et de purifier ton cœur. La bonne nouvelle est que Dieu est plus puissant que la pornographie. Il peut et veut te pardonner tes péchés et te purifier de toute impureté (lis 1 Jean 1.9).

Deuxième étape : Si tu t'es adressé à Dieu et te sens encore attiré par cette habitude avilissante, cherche immédiatement de l'aide.

Tu n'es pas seul. Des milliers de personnes bien intentionnées dans ce monde sont esclaves de la pornographie. Confie-toi à un pasteur, un conseiller ou un ami de confiance qui t'écoutera et t'aidera à mettre au point un plan pour briser ce lien. Éric a eu besoin de parler à un conseiller chrétien de confiance. Ce dernier l'a aidé à apprendre à vivre un jour à la fois et à débarrasser sa vie de toute sexualité pervertie. Avec l'aide de Dieu et de son conseiller, Éric surmontera cet obstacle.

Troisième étape : Ton esprit est important.

Si nous évoquons la pornographie, nous devons évoquer notre esprit. Le principe est simple : si tu nourris ton esprit d'ordures, il produira des ordures. Plus tu remplis ta tête de déchets, plus il en sortira des déchets sous la forme de comportements négatifs. La meilleure façon d'éviter les pensées et les attitudes négatives consiste à priver ton esprit de déchets.

Nourris ton âme avec de bonnes choses et de bonnes choses en sortiront. Nourris ton âme d'ordures et devine ce qui en sortira. Paul nous donne de bons conseils sur la façon de gérer nos pensées : « Au reste, frères, que tout ce qui est vrai, tout ce qui est honorable, tout ce qui est juste, tout ce qui est pur, tout ce qui est aimable, tout ce qui mérite l'approbation, ce qui est vertueux et digne de louange, soit l'objet de vos pensées. » (Philippiens 4.8).

Le docteur Dobson appelle la bataille contre la pornographie « la guerre qui peut être gagnée ». La guerre peut être gagnée si nous préservons notre cœur et notre esprit en ne permettant pas à la pornographie de pénétrer dans notre vie. De grâce, ne sous-estime pas la puissance de la pornographie. Fuis-la et précipite-toi plutôt vers l'amour de Dieu. Il est le créateur de la sexualité positive et saine. Tout le reste n'est que contrefaçon.

♥ SUJETS DE RÉFLEXION

1. Comment réagis-tu face au puissant message de ce chapitre ?
2. Penses-tu que la pornographie puisse créer une dépendance ?
3. A ton avis, pourquoi notre culture permet-elle que du matériel pornographique soit si facilement à la portée des mains, des yeux et de l'esprit des jeunes ?

4. Cite plusieurs façons pratiques pour rester à l'écart de la pornographie.

♥ ÉTAPES PRATIQUES

1. Ton esprit est important. Lis Philippiens 4.8. Dresse la liste des éléments cités dans ce passage : ce qui est vrai, honorable, etc. Puis, note à côté une ou plusieurs pensées qui entrent dans cette catégorie. Deux exemples ont été indiqués. Ajoutes-en dans ces deux catégories, puis complète les cases restantes. Partage tes réflexions en groupe ou en famille.

Entretenir des pensées...	Ce qui entre dans cette catégorie
Vraies	La Parole de Dieu est vraie.
Honorables	Mes grands-parents sont des personnes honorables.

2. Recherche dans les Écritures des passages sur la pornographie. Lis chaque verset ou passage et puis décris avec tes propres mots ce que le texte biblique en question dit de la pornographie.

1 Corinthiens 6.9-13	
Éphésiens 4.18-19	
Éphésiens 5.11	
Colossiens 3.5-14	
Philippiens 4.8	

23

L'abus sexuel

La question suivante m'a été posée dernièrement alors que je m'adressais à un groupe de lycéens : « Quand quelqu'un est abusé sexuellement, depuis 5 ans environ, et qu'il n'a pu en parler à personne, comment peut-il oublier et surmonter ce problème ? ». On me pose régulièrement de telles questions, mais jamais je n'aime les entendre. Pourtant, après plusieurs années d'expérience, j'ai fini par comprendre que certains points cruciaux doivent être abordés et que certaines questions concernant les abus sexuels doivent trouver réponse. Savais-tu que :

- Une jeune femme sur 4 a été abusée sexuellement avant l'âge de 18 ans.
- Un jeune homme sur 8 a été abusé sexuellement avant l'âge de 18 ans.

Diane avait 12 ans quand elle m'a confié que son grand-père la « tripotait » depuis qu'elle avait 5 ans. Diane et ses sœurs avaient toutes été abusées par leur grand-père.

Sam a 31 ans mais il se rappelle parfaitement le soir où un baby-sitter l'a agressé. Il n'avait que 8 ans.

Julie n'avait jamais été plus excitée. Benoît s'était enfin décidé à l'inviter. Elle rêvait de cette soirée depuis presque deux ans. Ils sont allés au snack du quartier et puis à une soirée dansante. Benoît et Julie ont commencé à boire. Ils étaient déjà pas mal *éméchés* quand Benoît a dit : « Allons faire un tour en voiture. » Ils ont garé la voiture et ils ont commencé à s'embrasser. Les mains de Benoît n'ont pas tardé à s'égarer. Julie se sentait mal à l'aise mais elle ne disait rien. Ils allaient trop loin. Elle était très nerveuse et vraiment effrayée. Elle a dit : « Arrête ! », mais il a continué. Julie a essayé de s'échapper. Il est devenu brutal et Julie s'est mise à crier et à hurler. La soirée de rêve de Julie s'est transformée en viol.

Ces histoires sont loin d'être agréables à entendre, n'est-ce pas ? Ces statistiques sont loin d'être réjouissantes. Malheureusement, derrière ces chiffres se trouvent des noms et des visages. Certains appartiennent à mes amis, mais je t'assure qu'il se trouve aussi autour de toi des personnes qui ont lutté avec le traumatisme d'un abus sexuel. Tu as peut-être, toi aussi, été victime de cette tragédie que nous appelons un « abus ».

La plupart des gens cherchent à oublier cette horrible expérience. Ils prient qu'elle s'efface, mais en vain. Après un abus sexuel, la douleur de la victime tend à enfoncer ses racines très profondément et à affecter chaque facette de sa vie.

Voici ce que je dis généralement aux étudiants qui ont été abusés :

1. Ce n'est pas ta faute.

C'est toujours la faute de l'abuseur. L'abus sexuel est un crime horrible. L'abuseur est un déséquilibré. Si tu te blâmes, tu en deviendras malade.

2. Cherche de l'aide. Ne souffre pas en silence.

La plupart des victimes d'abus sexuels craignent d'en parler. Pourtant, il est impossible d'aller mieux sans recevoir de l'aide.

Ta douleur ne disparaîtra pas d'elle-même. Tu ne peux tout simplement pas la chasser. J'encourage les personnes qui ont été abusées à chercher de l'aide sans attendre un jour de plus. Plus tu attendras et plus cette démarche te semblera difficile.

3. Il y a de l'espoir !

Malheureusement, des milliers de jeunes ont été violés. Mais beaucoup ont cherché de l'aide, ont surmonté leur douleur et mènent désormais une existence heureuse. Bon nombre des victimes d'abus sexuels pensent que leur vie ne sera plus jamais épanouie. Je peux comprendre que leurs émotions soient paralysées, mais la vérité est qu'il subsiste de l'espoir.

4. Dieu se soucie de toi !

Franchement, la plupart des victimes d'abus sexuels connaissent des difficultés dans leur relation avec Dieu. Je comprends leurs blessures et leur confusion, mais je crains que trop d'entre elles dépensent leur énergie à accuser Dieu au lieu de se laisser consoler par Lui. Dieu veut marcher avec toi dans la vallée de la douleur et de la déception. Dieu pleure face à ce qui t'est arrivé. Il t'aime et veut guérir tes blessures.

Ce chapitre est difficile à rédiger et j'ai hésité à l'inclure dans ce livre. Pourtant, il semble que personne aujourd'hui ne soit dispensé de cette dure réalité : des expériences tragiques touchent les bons comme les mauvais. Si toi ou l'un de tes amis avez été victimes de l'une des expériences pénibles décrites dans ce chapitre, cherchez de l'aide. Ce chapitre ne contient pas toute l'information nécessaire. Il a seulement pour but de donner un aperçu du problème et d'encourager les victimes à agir.

Le viol par une personne familière

Ce type de viol est commis par une connaissance proche ou

son flirt du moment. La plupart des femmes victimes de viol sont agressées par une personne qu'elles connaissent et à qui elles font confiance. La familiarité est suffisante pour les amener à baisser leur garde, parfois suffisamment pour les amener plus tard à se demander si elles ont vraiment été violées. L'un des principaux mythes qui circulent sur le viol est que les agresseurs sont toujours des étrangers. Pourtant, la plupart de ces agressions sont commises par des familiers. En fait, 75 à 80 % de tous les viols commis sur des adolescents sont le fait de connaissances ou de petits amis. Si tu as été victime d'une telle agression, parles-en immédiatement à une personne susceptible de t'aider. Bien qu'un tel viol ne débouche pas systématiquement sur des blessures physiques sérieuses, il provoque toujours une détresse émotionnelle profonde. Tu pourras recevoir de l'aide en te confiant à un conseiller de confiance, un pasteur ou un enseignant.

Le viol

Malgré tous nos vœux, notre société n'est pas toujours très sûre. Aujourd'hui, plus que jamais auparavant, nous devons prendre des précautions pour prévenir le viol avec violence.

Le viol est sans doute l'outrage ultime, l'un des crimes les plus horribles commis contre une personne du sexe opposé. La plupart du temps, il est infligé davantage comme un crime violent qu'un crime sexuel. En effet, la majorité des violeurs cherchent plus à blesser et à effrayer leur victime qu'à connaître un plaisir sexuel. Il se trouve généralement beaucoup de colère, d'agressivité et de haine dans le profil psychologique d'un violeur. La plupart des victimes sont des femmes et des petites filles, malgré une augmentation du nombre de viols homosexuels commis ces dernières années sur des hommes et des petits garçons. Pour plus de facilité dans ce chapitre, je considérerai les victimes de viol comme des femmes.

Une victime de viol doit immédiatement appeler la police ou se rendre dans l'hôpital le plus proche. Elle y rencontrera la plupart du temps des personnes compréhensives et ses blessures seront examinées. La victime ne doit pas se laver avant d'aller à l'hôpital. Un médecin relèvera les traces du viol. Presque tous les médecins, les infirmières et les officiers de police sont des personnes attentives qui offriront une aide compatissante à la victime pour surmonter le choc initial et la douleur.

Une victime de viol ne devrait pas subir seule tout ce processus. Elle devrait obtenir le meilleur traitement médical disponible, ainsi qu'un accompagnement professionnel adéquat. L'aide de plusieurs personnes formées à cet effet facilitera quelque peu la guérison après cette terrible expérience.

Il vaut évidemment mieux prévenir le viol que le guérir. La meilleure protection consiste à rester à l'écart de situations potentiellement dangereuses. Trop de gens n'ont pas réfléchi à leurs actes et l'ont regretté durant le reste de leur vie. Voici quelques suggestions pour prévenir un viol. Je t'encourage à contacter le commissariat local pour obtenir plus d'informations.

Ne fais jamais d'auto-stop. Tu chercherais les ennuis.

Ne te promène pas et ne fais pas de jogging seule la nuit. Ce peut être dangereux.

Porte un sifflet. Garde-le à portée de main, sur ton trousseau de clés par exemple, et tiens-le en main quand tu es seule.

Ne sors pas seule avec une personne que tu ne connais pas. Trop de victimes ont ainsi été « draguées » dans un dancing, un parc d'attractions ou autre lieu public sans avoir conscience d'être en compagnie d'un violeur.

Ne flirte pas avec quelqu'un que tu ne connais pas. Il pourrait s'agir d'un violeur.

Voici quelques faits importants sur le viol :

En France, un viol est déclaré environ toutes les 90 minutes.

Le viol est l'un des crimes violents les plus fréquents et son incidence augmente sans cesse.

Les victimes vont des jeunes enfants aux personnes âgées. Elles appartiennent toutes à des groupes sociaux et économiques différents.

Le viol est un crime violent, une agression. Les violeurs utilisent la force ou la menace de coups pour maîtriser leur victime.

Bien que le viol puisse ou non provoquer des blessures physiques sérieuses, il cause toujours une détresse émotionnelle intense.

L'inceste

L'inceste consiste à avoir des relations sexuelles avec un membre de sa propre famille et, malheureusement, il est beaucoup plus répandu qu'on ne l'imagine en général. La forme la plus commune de l'inceste est celle de la relation entre père et fille, mais de nombreux cas de relations entre mère et fils ou entre frère et sœur, ainsi qu'avec d'autres membres de la famille nous sont rapportés chaque année.

L'inceste est un sujet grave et sensible parce qu'il concerne des membres de sa propre famille. En aucun cas, il ne peut s'agir d'une expérience positive. Une relation incestueuse doit être stoppée. Si toi ou l'une de tes connaissances êtes concernés par l'inceste, ne le gardez pas pour vous. Parlez-en aux autorités compétentes immédiatement. Tu pourrais commencer par en parler à un pasteur, un assistant social, un conseiller ou un officier de police. La victime de l'inceste aura besoin d'aide, ainsi que son agresseur. Parfois les victimes pensent être responsables de leur situation. De tels réflexes de pensée produisent des sentiments extrêmes mais inutiles de culpabilité. La victime n'est pas coupable et ne devrait pas assumer la responsabilité du déséquilibre d'autrui. En outre, personne ne rend service à l'agresseur en passant le problème sous silence.

A l'âge de 16 ans, Linda m'a confié qu'elle avait été contrainte de vivre une relation incestueuse avec son père entre 7 et 13 ans. Jamais je n'aurais pu deviner son problème. Extérieurement, elle semblait mener une vie tout à fait équilibrée, mais intérieurement, elle était écrasée par une montagne de douleur, de colère, d'amertume et de culpabilité. Au moment où elle s'est confiée à moi, elle était semblable à un volcan sur le point d'exploser.

Voici les étapes que j'ai suivies avec Linda. D'abord, en tant que pasteur auprès des jeunes, il était important pour moi d'être pour elle un soutien et un encouragement. Elle avait besoin de quelqu'un sur lequel s'appuyer, de sorte que mon épouse et moi sommes devenus pour elle des auditeurs attentifs. Ensuite, nous avons compris qu'elle avait besoin d'un accompagnement approfondi et nous l'avons présentée à un psychologue expérimenté, un ami digne de confiance. Nous l'avons laissé prendre soin du traumatisme psychologique principal et nous avons continué à être des amis et un couple pastoral fidèles. Le psychologue chrétien a déclaré le crime d'inceste à la police et la famille a entamé une thérapie intensive.

Au moment opportun, un conseiller biblique a pris contact avec le père de Linda et a constaté qu'il était disposé à être aidé. Au cours des deux années qui ont suivi, nous avons vu renaître une relation brisée. Les cicatrices et, parfois, le ressentiment restent présents, mais Linda s'est épanouie pour devenir une magnifique jeune femme à la fois intérieurement et extérieurement. Le jour de son mariage, elle a pu permettre à son père de remonter l'allée centrale à son bras.

Ayant surmonté une situation pénible, Linda dit aujourd'hui qu'elle n'y serait jamais parvenue sans l'aide de Dieu et le soutien fidèle de ses amis. Linda est arrivée au stade où elle a pu pardonner à son père avant sa mort, mais ce ne fut pas facile. Cependant, certains n'ont pas autant de chance que Linda. Ils peuvent ne jamais être capables de pardonner à leur agresseur. Dans des situations incestueuses, personne ne devrait s'attendre à un pardon immédiat, ni au rétablissement instantané de relations brisées. Il peut falloir un long moment à la victime pour atteindre le stade du pardon envers son agresseur. Pourtant, je crois que tous ceux qui ont connu le désastre de l'inceste devraient chercher de l'aide. Il y a de l'espoir… Demande donc à Linda.

♥ SUJETS DE RÉFLEXION

1. A ton avis, pourquoi les statistiques des abus sexuels augmentent-elles sans arrêt ?
2. Vers qui te tournerais-tu si tu étais victime d'un abus ?
3. Pourquoi les gens craignent-ils de parler des abus dont ils ont été victimes ?
4. Quel rôle devrait jouer Dieu dans la vie d'une personne abusée ?

♥ ÉTAPES PRATIQUES

1. Si l'un de tes amis a été sexuellement abusé, aide-le à chercher de l'aide immédiatement. Cette personne a besoin d'un accompagnement professionnel. Tu peux être à l'origine d'une décision positive qui changera sa vie.
2. Apprends à reconnaître les signes d'un abus sexuel. Tes amis peuvent exprimer leur douleur à travers leur comportement plutôt qu'avec des mots. Voici une liste de plusieurs signes d'abus sexuel, bien que le fait qu'un adolescent manifeste une ou plusieurs de ces caractéristiques ne signifie pas toujours qu'il ait été sexuellement abusé.

   a. Problèmes scolaires ;

   b. Mauvaises relations avec ses camarades ;

c. Attitude autodestructrice, tendances suicidaires, consommation fréquente de drogue et d'alcool ;

d. Hostilité et manque de confiance envers les adultes ;

e. Problèmes sérieux contre les symboles de l'autorité ;

f. Attitude séductrice, promiscuité ;

g. Fuite ;

h. Crainte de rentrer chez soi, crainte d'être laissé seul avec l'abuseur ;

i. Profonde dépression ;

j. Douleur, démangeaisons, saignements et contusions sur les parties génitales ;

k. Très pauvre estime de soi.

3. Si tu suspectes une relation incestueuse, considère ces indices de comportement sexuel abusif chez les adultes :

a. Exiger l'isolement de l'enfant, décourager les amitiés, les activités scolaires et les rendez-vous ;

b. Appliquer un contrôle restrictif, autoriser quelques événements sociaux (en réalité jalousie extrême) ;

c. Manifester une dépendance exagérée (le parent dépendra parfois de l'enfant pour satisfaire des besoins généralement comblés par l'époux ou par un autre adulte) ;

d. Avoir tendance à boire fréquemment.

♥ TRAVAIL D'ÉQUIPE

Étude de cas : harcèlement et abus sexuel

Béa faisait du baby-sitting chez son ex-petit ami, Philippe. Elle était restée proche de sa petite sœur et de sa famille malgré leur rupture. Le beau-père de Philippe s'était toujours montré très gentil avec Béa. En fait, elle aurait voulu avoir un père comme lui.

La famille de Philippe sortait pour le dîner et une soirée au théâtre pendant que Béa surveillait la petite fille. Le beau-père de Philippe, Paul, était présent à la maison mais il travaillait dans son bureau.

Après que Béa a mis la petite fille au lit, Paul est entré dans la cuisine et lui a demandé si elle voulait du pop-corn. Béa raffolait du pop-corn et elle a répondu : « Oui, merci, voilà qui ira très bien avec le film que je voudrais regarder à la télé. » Paul a fait du pop-corn, puis est venu s'asseoir à côté de Béa pour regarder le film avec elle. Béa s'est plainte d'un mal de dos conséquent à une partie de basket. Alors il a commencé à lui masser le dos. Au début, il l'a massée à l'extérieur de son pull, mais après un moment, il a commencé à mettre ses mains sous son pull-over.

Béa était pétrifiée. Elle ne savait pas quoi faire. Elle ignorait si cet homme très gentil voulait aller plus loin ou s'il cherchait innocemment à lui rendre service. Béa était tendue et nerveuse. D'une voix très douce, il lui dit de se détendre, que son dos ne s'en porterait que mieux.

Le téléphone a sonné et Béa fut reconnaissante de cette interruption. Visiblement à contrecœur, Paul s'est levé pour répondre à l'appel.

1. A la place de Béa, que ferais-tu ?
2. Penses-tu qu'il était judicieux de faire du baby-sitting alors que le beau-père était présent à la maison ?
3. Si tu étais le pasteur de Béa et qu'elle te raconte cette histoire, que dirais-tu ou que ferais-tu ?
4. Si tu étais Béa, raconterais-tu cet incident à Philippe ou à sa mère ? Pourquoi ?

24

Questions - Réponses

Au cours des 20 dernières années, j'ai eu le privilège de m'entretenir avec des milliers d'adolescents et de les entendre évoquer leur sexualité. Partout où je me rends, j'apprécie leur franchise, leur honnêteté et leur sincérité lorsqu'ils posent des questions importantes. Dans ce chapitre, j'en ai sélectionné quelques-unes parmi celles qui sont le plus fréquemment posées. Mon plus grand problème fut de me limiter à 16 questions seulement !

♥ 1. La convoitise est-elle un péché ? Comment puis-je gérer mes fantasmes ?

Jésus a fait une déclaration importante sur la convoitise dans le sermon sur la montagne. Il a dit à ses disciples : « Vous avez entendu qu'il a été dit : Tu ne commettras pas d'adultère. Mais Moi, Je vous dis : Quiconque regarde une femme pour la convoiter a déjà commis adultère avec elle dans son cœur. » (Matthieu 5.27-28). Je suis certain que la raison pour laquelle Jésus a qualifié la convoitise de péché est qu'Il connaissait le rôle important que joue l'esprit humain dans la vie. Ton esprit est le lieu où il te faut surmonter la tentation. Tu auras peut-être du mal à le croire, mais ton esprit est ton principal organe sexuel. Je suis sûr qu'il arrive à tout le monde de vivre des périodes où son imagination sexuelle travaille fortement et que la convoitise n'épargne l'esprit de personne. La question est de savoir ce qu'il convient de faire lorsque cela arrive.

Voici quelques brèves suggestions pour contrôler la convoitise et tes fantasmes.

Rassure-toi ! Tu es normal. Presque tous ceux que tu connais ont ce type de pensées occasionnellement.

N'alimente pas tes pensées avec des magazines, des livres, des films, des clips ou des blagues pornographiques. En sevrant son imagination, je crois qu'il est possible de chasser la plupart de nos pensées négatives.

Si tu te sens complètement submergé par la convoitise, recherche la sagesse d'un conseiller de confiance.

Demande également à Dieu de te délivrer de ton problème. Dieu s'intéresse à chaque aspect de ta vie. Parle-Lui de tes problèmes, demande-Lui de t'orienter et de te délivrer et montre-toi ouvert à ses réponses.

Quand tu surprends ton esprit à s'égarer, remplace immédiatement ces pensées malsaines par des pensées positives. Paul nous donne un bon conseil en Philippiens 4.8 : « Que tout ce qui est vrai, tout ce qui est honorable, tout ce qui est juste, tout ce qui est pur, tout ce qui est aimable, tout ce qui mérite l'approbation, ce qui est vertueux et digne de louange, soit l'objet de vos pensées. »

♥ 2. Le sexe oral est-il défendu ? Peut-on pratiquer le sexe oral plutôt que le rapport sexuel avant le mariage ?

Ce type de question m'est posée lors de chacun de mes séminaires sur la sexualité ! Mon opinion personnelle est que le sexe oral n'est pas forcément malsain dans le cadre du mariage. Je crois que si les deux partenaires sont consentants et si leur exploration sexuelle n'est pas physiquement exagérée, les pratiques orales ne sont pas négatives. Quant au sexe oral avant le mariage, j'ai un avis différent. Je pense que les couples qui pratiquent le sexe oral jouent avec le feu. Certains disent qu'ils ont ainsi trouvé une forme de contraception ! Je ne vois vraiment pas comment un couple peut ne pas avoir de relations sexuelles s'il pratique le sexe oral. L'intimité émotionnelle et physique entraînée par le sexe oral est trop semblable à celle du rapport sexuel. Si ton petit ami ou ta petite amie t'affirme que le sexe oral est génial et qu'il te procurera les mêmes sensations que le rapport sexuel, ne le/la crois pas. Trop de personnes s'efforcent de dresser une distinction entre le rapport sexuel et le sexe oral, mais les émotions et le degré d'intimité sont trop similaires pour distinguer clairement les deux expériences.

♥ 3. Se peut-il que le sperme transperce mes vêtements et pénètre dans mon vagin ?

L'expression généralement utilisée pour décrire ce genre d'activité sexuelle est la « masturbation réciproque ». Le garçon est stimulé jusqu'à l'éjaculation en frottant son pénis contre les parties génitales de la fille, alors que l'un ou l'autre ou les deux portent encore leurs vêtements. Beaucoup de jeunes pratiquent la masturbation réciproque comme une alternative à une véritable relation sexuelle. Je pense qu'il faut veiller à éviter ce type d'activité sexuelle. Avant tout, bien qu'elle puisse procurer de merveilleuses sensations au garçon, la fille n'est généralement pas stimulée par cette expérience. Celle-ci est donc presque unilatérale. Ensuite, la masturbation réciproque peut créer des habitudes négatives qui seront maintenues au sein du mariage. L'éjaculation précoce, par exemple, cause problème dans le mariage et résulte souvent de mauvaises pratiques sexuelles préalables. En outre, la masturbation réciproque peut mener au rapport sexuel proprement dit. Une fois que tu as expérimenté une « imitation », il est plus facile de désirer connaître l'original. Enfin, et pour répondre directement à la question, il existe une chance infime, en fonction des vêtements portés, que le sperme transperce les tissus, bien que cela reste très peu probable.

♥ 4. Devons-nous nous marier juste parce que nous avons des relations sexuelles ?

La réponse est non, cent fois non ! J'ai rencontré trop de couples (y compris des chrétiens) au cours de sessions d'accompagnement conjugal, qui m'ont confié que la raison principale de leur mariage avait été le fait d'avoir eu des relations sexuelles et d'avoir cru qu'il valait mieux se marier plutôt que continuer à pécher. Les couples ne devraient jamais se marier pour rendre leurs relations sexuelles « légales » aux yeux de Dieu. C'est tout simplement stupide et, trop souvent, ce genre d'union se solde par un désastre. Si vous vous mariez pour les mauvaises raisons, vous courez un plus grand risque de voir les fondations de votre union s'écrouler et de ne trouver aucun appui pour le reconstruire.

Il arrive qu'un garçon ou une fille veuille contraindre l'autre à se marier parce qu'ils ont des relations sexuelles. L'un des partenaires jouera sur la culpabilité de l'autre. Il est vrai qu'avoir des relations sexuelles avant le mariage n'est pas correct. La meilleure façon dès lors de savoir si vous vous mariez pour la bonne raison est de mettre un terme à vos contacts sexuels et de voir si votre désir de vous unir demeure aussi fort qu'auparavant.

♥ 5. Suis-je encore vierge alors que j'ai eu un rapport sexuel à l'âge de sept ans sans savoir vraiment de quoi il s'agissait ? Je pensais qu'il s'agissait d'un jeu.

Je crois que tu es encore vierge. Beaucoup d'individus ont des expériences sexuelles innocentes à un âge où ils sont encore trop jeunes pour comprendre grand-chose à leur sexualité. Cependant, la majorité des gens ne doivent pas se sentir étranges ou bizarres à ce propos. A un âge très précoce, l'exploration sexuelle est pour la plupart innocente. Si cette expérience te poursuit constamment, je te suggère de demander conseil. Par contre, si cette expérience peut correspondre à la définition d'un abus sexuel (consulte le chapitre 23 pour de plus amples informations), tu dois absolument chercher de l'aide.

6. A partir de quel âge n'est-on plus trop jeune pour se marier ?

Je ne pense pas qu'il existe un âge magique auquel le mariage devienne subitement indiqué ! Cependant, puisque tu poses la question, je vais te donner une réponse directe : la plupart des mariages entre adolescents se soldent par un échec. Il se peut que la génération de nos parents ait connu une situation différente, mais la probabilité pour qu'un mariage entre adolescents réussisse de nos jours est très faible. La plupart des adolescents n'ont pas atteint leur maturité émotionnelle, mentale et spirituelle pour s'engager à vie envers une autre personne, à travers les liens du mariage. Ils n'ont pas fini de grandir et de changer. Je connais des conjoints qui se sont mariés à l'âge de 17 ans. Ils m'ont confié qu'à 22 ans, ils avaient tellement changé qu'ils n'avaient plus suffisamment de choses en commun pour rester mariés. Cependant, ils étaient confrontés à de graves problèmes parce qu'ils avaient eu deux enfants. Un divorce les affecterait tous les quatre. Désormais, toutes leurs décisions impliqueraient quatre personnes au lieu de deux.

Si tu es absolument convaincu de devoir te marier avant d'être sorti de l'adolescence, veille à suivre des séances intensives de préparation au mariage. Dans le cas contraire, je me permets de remettre ta maturité en question. Souviens-toi également que la plupart des mariages entre adolescents échouent. Je connais des exceptions, mais elles ne constituent pas la règle. Quand j'étais adolescent, je pensais être assez mûr pour assumer des responsabilités essentielles. Je suis conscient désormais que, même si j'étais persuadé d'être suffisamment malin pour gérer une situation telle que le mariage, j'en étais vraiment incapable. Il est heureux que je ne me sois pas marié alors. J'étais bien trop jeune et immature pour prendre une décision à ce point cruciale, qui changerait ma vie et engagerait le reste de mon existence.

7. Est-il exact qu'après avoir obtenu le meilleur d'une fille, un type ne s'intéresse plus à elle ?

Je comprends ton expression « avoir obtenu le meilleur d'une fille », mais je n'aime pas du tout les termes utilisés. Si un type essaie uniquement « d'obtenir le meilleur de toi », il ne s'est jamais intéressé à ta véritable personne. Cependant, pour répondre à ta question, je crains qu'il soit malheureusement exact que certains garçons perdent tout respect et tout intérêt pour une fille après son « abandon ». La fille qui s'abandonne court le risque que son petit ami perde tout intérêt pour elle. Je pense sincèrement que si une fille ou un garçon dit « non, attendons » et qu'un véritable amour est impliqué, son partenaire respectera son choix et sera disposé à attendre. Personnellement, je préférerais prendre des précautions plutôt que nourrir des regrets par la suite.

♥ 8. Les garçons veulent-ils vraiment épouser une vierge ?

Je pense que la plupart des gens aimeraient épouser une personne vierge. La perspective de deux personnes offrant mutuellement leur corps pour la première fois au sein du mariage est merveilleuse et très juste. Pourtant, il suffit de consulter les statistiques pour constater que 75 % des premières unions ne concernent pas deux personnes vierges. L'un des partenaires ou les deux ont déjà eu des relations sexuelles ou le couple a déjà couché ensemble avant le mariage. En tant que chrétiens, nous sommes appelés à pardonner et à aimer de façon inconditionnelle. Le fait qu'une personne a eu des relations sexuelles avant que tu la rencontres ne signifie pas nécessairement qu'il ne sera pas un bon conjoint.

♥ 9. Que pensez-vous des adolescents qui connaissent une certaine promiscuité sexuelle tout en utilisant des méthodes de contraception ?

Avant tout, permets-moi de souligner ceci : je crois que les rapports sexuels sont réservés aux couples mariés. La meilleure « contraception » est celle prescrite par Dieu : l'abstinence sexuelle avant le mariage. Je me soucie énormément de la liberté apparente des centres médicaux qui distribuent des pilules contraceptives et des préservatifs en dispensant ce que j'appelle une éducation sexuelle neutre.

La contraception est une question sérieuse. Certains pensent qu'en la mentionnant dans ce livre, je la cautionne et j'enseigne aux jeunes à « pécher en toute sécurité ». Je ne pense pas que cela soit le cas. Bien que ce domaine ne soit pas aisé à aborder, je crois que si tu envisages d'avoir des relations sexuelles ou si tu en as déjà et que tu choisis donc délibérément de désobéir à Dieu, tu devrais te confier à quelqu'un que tu aimes et à qui tu fais pleinement confiance en matière de contraception. Si je suis malgré tout contraint de donner mon avis sur la question, je te dirai simplement que si tu choisis de mal agir, alors dans l'intérêt d'un éventuel bébé, tu dois utiliser la contraception pour limiter les dégâts émotionnels que provoquent peut-être déjà tes actes. J'aime les conseils dispensés par Charlie Shedd et qu'il appelle « Deux vérités sur les relations sexuelles, à l'usage des adolescents » :

1. Le garçon qui a des relations sexuelles sans prendre de précautions est trop irresponsable pour mériter d'être appelé « papa ».

2. La fille qui a des relations sexuelles sans prendre de précautions est trop irresponsable pour mériter d'être appelée « maman ».

Il va de soi que la meilleure et la plus juste façon d'aborder la contraception pendant l'adolescence est celle prescrite par Dieu : l'abstinence sexuelle jusqu'au mariage.

10. Quelle est la fréquence des relations sexuelles dans les couples mariés ?

Grande question. Je me la posais sans arrêt quand j'étais au lycée. Ce n'est évidemment pas le genre de question que l'on pose spontanément à papa et maman !

Les statistiques indiquent que certains couples mariés ont des relations sexuelles une fois par mois et certains presque tous les jours. D'après un sociologue, le nombre moyen par semaine est de trois et le nombre de minutes pour chacune de ces expériences, y compris les préliminaires et l'apaisement après le plaisir, est de huit. L'activité sexuelle moyenne au cours d'une semaine serait donc de 24 minutes ! Comme tu peux le constater, une relation avant tout fondée sur la sexualité ne constitue pas vraiment une base très solide.

♥ 11. Qu'est-ce que l'orgasme ?

L'orgasme est le sommet de l'excitation dans l'activité sexuelle. Pour un homme, l'orgasme se produit lorsque le sperme est éjecté hors du pénis. Un orgasme féminin consiste en l'arrivée soudaine de sensations agréables accompagnant une série de contractions vaginales. Les contractions peuvent varier en nombre et en intensité selon les personnes et les moments.

♥ 12. Qu'est-ce que le sadisme ? Qu'est-ce que le masochisme ?

Le sadisme est un mélange de sexe et de violence. Un sadique est une personne qui éprouve du plaisir sexuel en maltraitant quelqu'un d'autre ou en lui infligeant de la douleur. Le sadisme est une maladie, un trouble mental. Évite soigneusement toute personne que tu soupçonnes souffrir de cette maladie. Le masochisme est une autre maladie mentale qui amène un individu à avoir besoin de ressentir de la douleur et de subir des mauvais traitements pour connaître le plaisir et la satisfaction sexuels.

♥ 13. Quelles sont les différences entre un homme adulte et une adolescente ? Puis-je sortir avec un homme qui a sept ans de plus que moi ?

La réponse, bien sûr, dépend de la maturité des personnes impliquées. Certains jeunes de 17 ans ont beaucoup de maturité pour leur âge et certaines personnes de 24 ans se comportent encore comme des adolescents. A mon avis, la plupart du temps, une fréquentation amoureuse entre un homme plus âgé et une adolescente ne fonctionne pas. Je pense également que ce type de relation soulève des questions importantes. Demande-toi par exemple, pourquoi un adulte qui a sept ans de plus que toi s'intéresse à toi ? S'agit-il avant tout d'un intérêt sexuel ? Prend-il votre relation plus au sérieux que toi ? Ne vas-tu pas passer à côté des distractions offertes par le lycée en sortant avec un adulte ? Comment a-t-il vécu ses relations passées ?

Le fait même de te poser ces questions prouve que tu es suffisamment futée ! J'espère que tu considéreras longuement et attentivement le pour et le contre de cette relation et que tu chercheras à être conseillée par des personnes que tu aimes et auxquelles tu fais confiance. Interroges-en plusieurs. Demande leur avis à des gens de ton âge, à tes parents, à des responsables de jeunes, des enseignants et toute autre personne de confiance susceptible de t'aider. De façon générale, je doute fort que la meilleure chose pour toi à long terme soit de sortir avec un adulte de sept ans ton aîné. La vie est trop précieuse et trop courte pour courir des risques en matière de relations entre adultes et adolescents.

14. Subirai-je des effets psychologiques néfastes si je n'ai pas de petit ami avant l'université ? (Ce n'est pas un choix délibéré de ma part ! J'aimerais avoir un petit ami maintenant !)

Cette question est l'une des plus courantes jamais posées. J'apprécie ta franchise et ton honnêteté. Je suis certain que personne n'a à subir d'« effet psychologique néfaste » en ne fréquentant personne au lycée. Si de tels effets secondaires existaient, environ la moitié des lycéens se trouveraient dans une situation grave !

Je peux imaginer à quel point il peut être difficile de souhaiter sincèrement avoir un petit ami (ou une petite amie) et pourtant ne jamais pouvoir vivre ce genre de relation, particulièrement quand les autres commencent à fréquenter des personnes de sexe opposé. Cependant, tu dois prendre courage. Beaucoup de lycéens ne fréquentent personnes, et même certains universitaires. On peut les comparer à des fleurs qui fleurissent « tardivement ». Certains d'entre eux finissent par vivre les meilleurs moments de leur jeunesse au lycée parce qu'ils ne sont liés à personne (bien qu'ils ne soient pas contre cette éventualité !).

Je te conseille de ne pas te morfondre à attendre un coup de fil ! Sois active, et je suis absolument convaincu que tu finiras par connaître une relation particulière qui aura valu la peine d'attendre. La pire des choses que tu puisses faire est de te replier sur toi-même et de t'écarter des autres. Cette réaction ne ferait qu'engendrer une douleur profonde et de l'amertume. Je connais pas mal de garçons et de filles qui n'ont fréquenté personne au lycée et qui vivent désormais de merveilleuses relations avec le sexe opposé. Je parie que la même chose t'arrivera.

♥ 15. La marijuana est-elle dangereuse ?

J'entends dire depuis des années que la marijuana n'est qu'une herbe et non une drogue. On nous répète que cette herbe est fondamentalement inoffensive et le fait d'en fumer quelques joints de temps en temps ne devrait donc pas poser de problème. Cette information est tout simplement fausse et a surtout été répandue dans les années 90. Les recherches démontrent que la marijuana consommée aujourd'hui est 10 à 20 fois plus forte que celle qui était disponible il y a dix ans.

Les spécialistes craignent également que la consommation chronique de marijuana provoque des dégâts permanents sur le système reproducteur ainsi que divers problèmes émotionnels. La marijuana est-elle dangereuse ? Certains ne seront peut-être pas affectés par un joint fumé de temps en temps. Mais pour d'autres, ce joint peut marquer le début d'une tragédie. Personnellement, je préfère ne pas courir le risque.

♥ 16. Qu'est-ce que le sida ?

Au moment où je rédige ces quelques lignes, nous sommes confrontés à l'une des maladies les plus effrayantes de toute l'histoire de l'humanité. Le syndrome d'immunodéficience acquise, plus connu sous le nom de sida, dévaste le monde et tue des gens dans des proportions endémiques.

La majorité des victimes du sida sont des hommes homosexuels, ainsi que des drogués par voie intraveineuse. Actuellement, cependant, beaucoup de malades n'entrent plus dans ces catégories. Le sida attaque le système immunitaire de l'organisme. Il apparaît se transmettre principalement par contact sexuel, par le biais des sécrétions corporelles, mais aussi par des aiguilles contaminées et des transfusions sanguines. Les personnes les plus exposées sont donc celles qui vivent dans la promiscuité sexuelle. Je suggère à tous d'en apprendre autant que possible sur cette maladie. Le sida conserve encore beaucoup de zones d'ombre et tu entendras sans doute pas mal de rumeurs et de suppositions sur cette maladie. Veille à lire le chapitre 19 consacré au sida.

21

Une discussion franche

Je suis pour une discussion franche avec les parents et les responsables de jeunes. D'après mon expérience personnelle, je sais que très peu de jeunes reçoivent une éducation sexuelle chrétienne exacte, positive et saine. Et toi, en as-tu reçu une ? Probablement pas. Si l'on considère les moyens mis à la disposition des églises aujourd'hui pour dispenser un enseignement sur la sexualité, il est triste de devoir constater que les responsables des communautés ne font pas non plus du bon travail en la matière. Il est malheureux que les parents et l'église soient demeurés plus ou moins silencieux en matière d'éducation sexuelle saine. La sexualité n'est pas un sujet facile à aborder avec ses enfants, mais je crois que notre silence blesse véritablement cette génération de jeunes qui désire entendre la vérité.

J'aborde le sujet avec plus de 100 000 étudiants chaque année et je reste pétrifié par les statistiques concernant l'activité sexuelle des adolescents.

Comment les parents et les responsables de jeunes peuvent-ils demeurer silencieux devant de telles réalités ? Nous élevons une génération d'adolescents qui s'efforcent d'imiter des adultes sexuellement actifs alors que leurs décisions sont basées sur des émotions d'adolescents. En tant qu'adultes, j'espère que nous saurons nous montrer plus ouverts et plus compréhensifs pour aider nos jeunes à mieux vivre leur sexualité.

Tous les enfants sont curieux en matière de sexualité. Elle est mystérieuse et nos enfants, comme nous à leur âge, éprouvent de la curiosité et l'envie réelle d'en découvrir davantage sur leur corps et leur sexualité. Je trouve honteux qu'une si grande partie de l'éducation sexuelle d'un jeune doive avoir lieu dans un vestiaire avec les copains, en lisant Play-boy, en regardant les médias ou même par le biais de l'éducation sexuelle neutre dispensée dans les établissements scolaires.

Soyez ouverts

Il est temps d'être ouverts ! Il est temps de parler de la sexualité à nos enfants. Ils ne la comprennent pas mieux que vous à leur âge mais ils sont pourtant plus sollicités sexuellement que n'importe quelle autre génération avant la leur. Après m'être entretenu récemment avec un groupe de parents sur la sexualité des adolescents, l'un des participants m'a mis au défi en disant : « Je ne suis pas certain que nous devions parler de sexualité à nos enfants. Plus ils recevront d'informations et plus ils se montreront curieux. Plus ils deviendront curieux et plus ils seront susceptibles de se laisser aller. »

Bien dit, mais complètement faux. Actuellement, beaucoup de jeunes n'ont pas la moindre idée de l'importance ou du caractère sacré de leur sexualité. Ils croient le mensonge dispensé par notre culture : « si tu y trouves du plaisir, fais-le ». Ils n'ont jamais eu le privilège de recevoir une explication claire sur la sexualité et ce en quoi elle consiste. Ils ont besoin de vous. Nos jeunes ont besoin que vous communiquiez avec eux sur le sujet, d'une façon franche et honnête. Ils ont besoin que vous consacriez du temps à leur expliquer les tenants et les aboutissants de leur sexualité. Souvenez-vous, plus l'éducation sexuelle reçue par les jeunes est positive, saine et respectueuse des valeurs et moins ils tomberont dans la promiscuité.

Un jeune m'a confié dernièrement : « Mon père m'a dit de ne pas avoir de relations sexuelles, mais il ne m'a jamais expliqué pourquoi et quand je l'ai fait, j'ai été déçu. J'aurais voulu qu'il m'explique clairement sa position. » En matière de sexualité, je crois fermement que les jeunes qui vivent une relation ouverte et honnête avec leurs parents et/ou leurs responsables d'église manifestent des attitudes bien plus saines et connaissent moins de problèmes à long terme.

Enseignez une sexualité biblique

La sexualité biblique va bien plus loin que « Dieu interdit les relations sexuelles ! » La sexualité biblique enseigne que Dieu a créé notre sexualité et que, non seulement Il l'a créée, mais Il la considère bonne (Genèse 1.31) !

Aujourd'hui, trop de jeunes chrétiens et non chrétiens pensent que Dieu déteste la sexualité. Comme je l'ai dit auparavant, ils pensent que Dieu est le rabat-joie par excellence. Souvent, ils entretiennent ces pensées parce que personne n'a jamais pris la peine de leur expliquer en quoi consiste la sexualité dans la perspective divine.

Nous devons communiquer à nos enfants que notre corps et notre sexualité sont des dons de Dieu (1 Corinthiens 6.19-20). Ces dons devraient être respectés et soignés. Nous devons enseigner le point de vue biblique sur le péché que représentent les relations sexuelles avant le mariage. Puis, sachant que de nombreux jeunes finissent par connaître une certaine promiscuité sexuelle, nous devons nous assurer que nos enfants apprennent la grâce et le pardon. Je crains que la plupart des jeunes soient ignorants en matière de sexualité biblique. Vous avez le privilège rare de leur apprendre ce qu'ils ont désespérément soif de connaître.

Abordez aussi les sujets apparentés

Croyez-le ou non, mais vos enfants veulent connaître votre opinion sur des sujets liés à la sexualité. Ils veulent savoir ce que vous pensez de l'avortement, du flirt, de l'amour inconditionnel, de la pilule contraceptive, etc. Tous ces sujets et tant d'autres sont traités à l'école, et il est nécessaire que les responsables d'église et les parents les abordent également pour contrebalancer la mauvaise information dispensée à nos enfants par de soi-disant experts (en l'occurrence, leurs copains qui inventent ce qu'ils ignorent). Je crains que nos enfants ne nous écoutent pas très souvent parce que nous cherchons généralement à leur donner la réponse sans même prendre la peine de les écouter. Même s'ils ont entièrement tort, nous devons les écouter. L'écoute est le langage de l'amour. Quand je laisse les jeunes partager leur point de vue, ils se montrent plus ouverts à d'autres opinions. Il arrive qu'ils n'aient encore jamais entendu d'autres perspectives, ni verbalisé leur propre avis et, quand cela se produit, les jeunes changent souvent de position !

Les méthodes d'enseignement

La sexualité peut être abordée de plusieurs façons avec les jeunes. La méthode particulière que nous utilisons importe moins que le fait de trouver du temps pour discuter effectivement avec franchise et honnêteté de ces questions cruciales. Voici quelques idées pour vous aider à développer une relation plus franche et plus sincère pour parler de la sexualité.

Les films : Visitez une librairie ou consultez le catalogue d'un distributeur de films chrétiens. Utilisez à la fois des films chrétiens et non chrétiens comme tremplin pour vos discussions.

Les livres : Lisez un livre ensemble. Il existe du matériel de très bonne qualité sur la sexualité et les sujets apparentés.

Les journaux : Les journaux incluent presque quotidiennement des articles susceptibles de générer une discussion.

Les cours : Suivez un cours d'éducation sexuelle ensemble. Beaucoup d'écoles proposent des cours sur le sujet. Inscrivez-vous avec vos enfants et utilisez les leçons comme tremplin pour poursuivre la discussion. Veillez à vérifier ce qu'abordera réellement le cours, car certains sont plutôt « farfelus » et contrediront vos valeurs.

Les activités du groupe de jeunes : les responsables de jeunes peuvent utiliser beaucoup d'autres méthodes d'enseignement efficaces. Les études de cas peuvent être très utiles, ainsi que les questions rédigées anonymement auxquelles répondent le responsable ou les parents. Certains groupes organisent des débats et obtiennent de bons résultats. Beaucoup de responsables aujourd'hui invitent un spécialiste à prendre la parole au sein de leur groupe. Il est possible de faire appel à un médecin, une infirmière, un enseignant ou un psychologue de votre région, qui fera un excellent travail en donnant une espèce de conférence-débat.

Dans cet ouvrage, et plus particulièrement dans ce chapitre, je cherche avant tout à souligner que les enfants ont besoin de parents et de responsables pouvant utiliser toutes les méthodes aujourd'hui disponibles pour les enseigner sur l'un des sujets les plus importants pour chacun d'entre nous : notre sexualité.

Gardez un esprit ouvert, soyez disposés à partager vos émotions, acceptez le désaccord, montrez-vous sensibles aux besoins et tous ceux qui seront impliqués deviendront de meilleurs individus. En abordant la sexualité avec vos jeunes, vous pouvez les préserver de certaines expériences négatives. Vous leur ferez également cadeau d'une attitude saine et d'un respect biblique envers l'un des dons les plus particuliers de Dieu à notre égard : notre sexualité.

Glossaire

Les définitions de ce glossaire sont destinées à t'éclairer. Les termes choisis se limitent à ceux utilisés dans cet ouvrage. Consulte un dictionnaire si des mots qui ne figurent pas dans cette liste te posent un problème de compréhension.

Abstinence : refus volontaire d'un acte ou d'une pratique, par exemple absence volontaire de relations sexuelles.

Adoption : acte d'intégrer une personne dans sa famille et de l'élever comme son propre enfant. Les mères célibataires choisissent parfois de confier leur bébé à l'adoption.

Adultère : relation sexuelle volontaire entre une personne mariée et un partenaire autre que son conjoint.

Avortement : interruption prématurée d'une grossesse. Deux types d'avortement sont connus. L'avortement induit est une procédure médicale exécutée à la demande de la femme ou de son médecin (I.V.G.). L'avortement spontané, également appelé « fausse couche », est l'arrêt naturel de la grossesse, généralement dû à un problème dans le développement du fœtus.

Bisexuel : appartenant aux deux sexes ; possédant à la fois des organes génitaux masculins et féminins ; être sexuellement attiré par les membres des deux sexes.

Canal déférent : conduit par lequel passent les spermatozoïdes.

Clitoris : petit organe sensible situé sur l'extrémité supérieure de la vulve chez la femme. Il correspond au pénis chez l'homme.

Col de l'utérus : partie inférieure et étroite de l'utérus.

Conception : fécondation. Pénétration de l'ovule (cellule reproductrice femelle) par un spermatozoïde.

Contraception : (contrôle des naissances) empêchement de la fécondation par l'utilisation de dispositifs ou de médicaments. Les méthodes les plus couramment utilisées sont : la pilule contraceptive : médicament à base d'hormones synthétiques qui empêche l'ovulation. Disponible uniquement sur prescription. Doit être strictement utilisée conformément aux indications. Le préservatif : un fin étui de caoutchouc placé sur le pénis en érection avant le rapport sexuel pour empêcher le sperme de pénétrer dans le vagin. Gel, suppositoire ou éponge vaginaux : produits disponibles sans prescription et appliqués à l'intérieur du vagin. La plupart contiennent un spermicide, une substance chimique qui tue les spermatozoïdes. Le diaphragme : Fine cape de caoutchouc qui recouvre le col de l'utérus et empêche le sperme de pénétrer dans l'utérus. Doit toujours être prescrit par un médecin. Retrait précoce : retrait du pénis hors du vagin avant l'orgasme. Très peu fiable parce que du sperme peut être libéré avant l'éjaculation. Les températures : absence de rapport sexuel pendant les jours fertiles de la femme, tels que les détermine son cycle menstruel. Le stérilet : dispositif empêchant la conception. Le stérilet est introduit dans l'utérus pour assurer une stérilité permanente mais réversible.

Contrôle des naissances : voir contraception.

Culpabilité : fait d'être responsable d'un outrage ou d'une mauvaise action, conscience d'avoir mal agi. « La vraie culpabilité » fait référence au fait d'avoir mal agi et d'en avoir convenablement conscience. « La fausse culpabilité » fait référence au fait de s'accrocher à ces sentiments coupables, avec incapacité de se pardonner, même après avoir obtenu le pardon de la personne offensée.

Douche : lavement du vagin avec un jet de liquide comme de l'eau ou une autre substance.

Éjaculation : émission de sperme par le pénis.

Embryon : bébé à naître entre le moment de la conception et le début du troisième mois de la gestation. (A ce stade, il est appelé fœtus).

Émission nocturne : (rêves humides) apparition involontaire d'une érection masculine, suivie d'une éjaculation pendant le sommeil.

Endocrine : glande fabriquant une sécrétion interne qui régule ou contrôle les fonctions d'autres parties du corps.

Érection : épaississement et raidissement du pénis ou du clitoris au fur et à mesure que leurs tissus se gorgent de sang.

Excitation : stimulation.

Extraconjugal : en dehors du mariage. Souvent utilisé en référence à des rapports sexuels illicites : « une liaison extraconjugale ».

Fécondation : acte initiant la reproduction biologique ; pénétration de l'ovule par un spermatozoïde, déterminant la conception.

Fœtus : nom de l'enfant à naître du troisième au neuvième mois de grossesse.

Fornication : relation sexuelle entre deux partenaires non mariés.

Gonorrhée : voir maladies vénériennes.

Grossesse : période allant de la conception à la naissance ; fait d'avoir un embryon ou un fœtus dans le corps.

Herpès génital : maladie virale transmise par voie sexuelle, qui provoque la formation de cloques sur les parties génitales (voir maladies vénériennes).

Hétérosexuel : personne attirée par et/ou sexuellement active avec des individus du sexe opposé.

Hormone : substance chimique produite par une glande endocrine, qui exerce un effet précis sur la fonction d'autres organes dans le corps.

Immoral : contraire à la morale.

Inceste : relation sexuelle entre deux personnes de la proche famille comme un père et sa fille, une mère et son fils ou un frère et une sœur.

Ligature des trompes : voir stérilisation.

Maladies vénériennes : toutes les maladies contagieuses transmises presque uniquement au cours d'un rapport sexuel. Certaines des plus courantes sont l'herpès génital, la gonorrhée et la syphilis.

Masochisme : cruauté envers sa propre personne ; recherche d'un plaisir sexuel au moyen de la douleur ou d'une domination violente d'une autre personne.

Masturbation : stimulation de ses propres organes sexuels, souvent jusqu'au stade de l'orgasme.

Œstrogène : hormone qui régule le cycle menstruel et influence le développement de caractéristiques sexuelles annexes chez la femme (développement de la poitrine, hanches plus larges, etc.).

Œuf : ovule fécondé par un spermatozoïde.

Organes génitaux : organes reproducteurs, particulièrement leurs parties externes telles que le clitoris, la vulve et le vagin chez la femme et le pénis et les testicules chez l'homme.

Orgasme : sommet de l'excitation dans l'activité sexuelle, caractérisé par une série de contractions musculaires.

Ovaires : deux glandes sexuelles femelles situées de part et d'autre de l'utérus et dans lesquelles les ovules se développent. Les ovaires produisent également des hormones qui influencent le développement des parties typiquement féminines du corps.

Ovulation : envoi d'un ovule par l'ovaire dans la trompe de Fallope.

Ovule : cellule reproductrice femelle située dans l'ovaire. Après pénétration par un spermatozoïde, l'ovule devient un œuf humain qui se développe en embryon puis en fœtus.

Pénis : organe sexuel mâle à travers lequel le sperme et l'urine sont évacués.

Pornographie : littérature, films, photos ou autres moyens d'expression uniquement destinés à stimuler l'excitation sexuelle, sans aucun souci des valeurs personnelles ou morales.

Préliminaires : premiers stades du rapport sexuel, au cours desquels les partenaires peuvent s'embrasser, se caresser et se toucher mutuellement pour atteindre une pleine excitation sexuelle.

Prénatal : avant la naissance.

Préservatif : voir contraception.

Procréation : acte de produire une descendance.

Progestérone : hormone qui prépare l'utérus à recevoir un ovule fécondé.

Promiscuité : fait de connaître des relations ou des contacts sexuels avec de nombreuses personnes.

Prophylactique (méthode) **:** dispositif ou médicament utilisé pour éviter une maladie. Fait souvent référence au préservatif.

Rapport sexuel (relation sexuelle) **:** acte par lequel le pénis est inséré dans le vagin.

Règles : écoulement mensuel de sang de l'utérus, à travers le vagin.

Rêves humides : voir émission nocturne.

Sadisme : besoin d'infliger de la douleur à son partenaire pour ressentir un plaisir sexuel.

Sexe oral : stimulation de l'organe sexuel de son partenaire avec la langue et/ou la bouche.

Spermatozoïde : cellule reproductrice mâle, fabriquée dans les testicules et transmise par le pénis. Capable de féconder l'ovule femelle.

Sperme : fluide contenant les spermatozoïdes, éjecté par le pénis au moment de l'orgasme.

Spermicide : substance capable de tuer les spermatozoïdes.

Stérilisation : procédé par lequel un homme ou une femme est rendu incapable de produire des enfants, tout en restant capable d'avoir des relations sexuelles. Certaines méthodes courantes sont : la laparotomie : opération au cours de laquelle de petites incisions sont pratiquées dans l'abdomen pour permettre au chirurgien de sectionner ou de cautériser les trompes de Fallope. La ligature des trompes : opération au cours de laquelle le chirurgien sectionne et lie l'extrémité des deux trompes de Fallope. La vasectomie : opération au cours de laquelle les canaux déférents de l'homme sont sectionnés et ligaturés.

Sublimer : déplacer l'expression naturelle d'une pulsion, telle que le désir sexuel, vers une autre activité socialement acceptable (artistique, sportive, intellectuelle ...).

Syphilis : voir maladies vénériennes.

Températures (méthodes des) **:** voir contraception.

Test de grossesse : test disponible en pharmacie, obtenu sans prescription et servant à déterminer si une jeune fille ou une femme est enceinte.

Testicules : les deux glandes sexuelles mâles qui sécrètent le sperme.

Toquade : attirance brève et superficielle pour une autre personne.

Trompe de Fallope : canal par lequel l'ovule passe de l'ovaire dans l'utérus.

Utérus : organe femelle musculaire, en forme de poire, dans lequel se développe le fœtus.

Vagin : passage dans le corps de la femme entre l'utérus et la vulve. Il accueille le pénis pendant le rapport sexuel. Passage à travers lequel passe l'enfant à la naissance.

Vasectomie : voir stérilisation.

Vierge : personne qui n'a jamais eu de rapport sexuel.

Viol : rapport sexuel forcé avec un partenaire non consentant.

Vulve : organes génitaux externes de la femme.

Où trouver de l'aide ?

Je t'encourage, en premier lieu, à contacter ton responsable spirituel, afin de pouvoir parler et prier avec lui. N'hésite pas à rechercher l'aide et la compassion au sein de ton Eglise locale.

En plus tu trouveras ci-dessous différents organismes auprès desquels tu trouveras des conseils ou de l'aide :

- ***OUI A LA VIE***
  B.P. 116, 67024 Strasbourg Cedex 1
  Téléphone : 03.88.39.13.20

- ***COMITÉ FRANÇAIS POUR LA SANTÉ***
  2, rue Auguste Comte, 92170 Vanves
  Téléphone : 01.41.33.33.33

- ***ALCOOLIQUES ANONYMES***
  21, rue Trousseau, 75011 Paris
  Téléphone : 01.48.06.43.68

- ***ALLO ENFANCE MALTRAITÉE***
  Téléphone gratuit : 119 ou 0 800.05.41.41

- ***DROGUE INFO SERVICE***
  Téléphone gratuit : 0 800.23.13.13

- ***SIDA INFO SERVICE***
  Téléphone gratuit : 0 800.84.08.00

Table des matières

DE LA MÊME SÉRIE AUX ÉDITIONS FAREL

Chrétien à 100% — *Jim Burns*

La vie que tu mènes est-elle plutôt triste ou plutôt passionnante ? Vivre à fond une vie pour Dieu est une solution radicale à une vie ennuyeuse.

Au fil de ces études sur la vie chrétienne, tu découvriras qu'être chrétien te donne un but passionnant : celui de participer à l'histoire que Dieu écrit en ce monde. Rien n'est plus extrême que cette aventure là !

Format 14 x 21 - 160 pages

AUTRES OUVRAGES AUX ÉDITIONS FAREL

Avec qui me marierais-je ? — *Luis Palau*

Des conseils clairs et pratiques pour tous les jeunes qui rêvent de fiançailles et de mariage.

Les jeunes et la sexualité — *Luis Palau*

Des réponses claires et pratiques sur de nombreuses questions liées au thème si important de la sexualité.

Passion et pureté — *Elisabeth Elliot*

Comment vivre ses relations affectives sainement et passionnément ?

Me marier ? — *Blain Smith*

Un guide pratique pour aider toute personne confrontée à des problèmes ou à des questions liées à la décision du mariage.

Croissance dans l'amour — *Joyce Huggett*

La fréquentation, le choix d'un conjoint, la préparation au mariage... Au-delà du simple sentiment romantique, il y a de nombreuses réalités à prendre en considération.

Les langages de l'amour - *Gary Chapman*

Communiquer son amour n'est pas toujours évident si on ne l'exprime pas dans un « langage » que l'autre comprend. Cet ouvrage te montre comment être attentif aux besoins affectifs de l'autre pour qu'il (ou elle) se sente réellement aimé de toi.